Leila Aboulela

Der Seele Raum geben

Black Women

Lamuv herausgegeben von Heike Brillmann-Ede

Black Women: Der Lamuv Verlag will sich verstärkt den Werken von Frauen, vor allem aus Afrika widmen, ihre Romane, Erzählungen, Autobiografien veröffentlichen.

Black Women: Das sind Bücher, die etwas Neues bieten, die bereichernd sind, die Altes aus einer ganz anderen Perspektive beleuchten, möglicherweise dadurch auch fremd erscheinen, zugleich aufregend sein können oder Verbindendes deutlich werden lassen, wo zunächst Trennendes dominierte.

Black Women: Diese Autorinnen sind hierzulande – Ausnahmen bestätigen die Regel – nur wenigen bekannt. Sie haben es verdient, ihre Leserschaft zu finden – ob weiblich oder männlich. Denn: »Ohne die afrikanische Literatur fehlen dem Orchester der Weltliteratur einige wichtige Instrumente.« (Doris Lessing)

Nähere Informationen über unser Programm sind kostenlos erhältlich bei:
Lamuv Verlag, Postfach 26 05, D-37016 Göttingen

Leila Aboulela

Der Seele Raum geben

Erzählungen

Aus dem Englischen von
Jutta Himmelreich

Lamuv Taschenbuch 315

Originaltitel:
Coloured Lights

Bitte fordern Sie unser kostenloses Gesamtverzeichnis an:
Lamuv Verlag, Postfach 26 05, D-37016 Göttingen,
Telefax (05 51) 4 13 92
E-Mail info@lamuv.de
www.lamuv.de

01 02 03 04 05 6 5 4 3 2 1

1. Auflage 2002
Deutsche Erstausgabe

Lektorat: Heike Brillmann-Ede
Umschlaggestaltung: Gerhard Steidl
unter Verwendung eines Fotos von Guido Mangold
Gesamtherstellung: Steidl, Göttingen
Printed in Germany
ISBN 3-88977-627-2

Inhalt

Bunte Lichter

Die Tränen kamen mir, als der Bus an der Charing Cross Road Fahrgäste aufnahm und wenig später die steinernen Löwen am Trafalgar Square hinter sich ließ. Kein richtiges Weinen, nein, kein Schluchzen, kein Seufzen, nur ein paar törichte Tränen in den Augen, und die Nase lief mir. Der Anlass war nicht der westindische Busfahrer, der an jenem Tag meine Dauerkarte kontrollierte, sondern ein gelangweilt dreinschauender Junge. Der westindische Fahrer ist sehr nett zu mir; er sagt, ich sehe einer seiner Töchter sehr ähnlich, und er will eines Tages in den Sudan kommen, seine erste Reise nach Afrika machen. Als ich ihm erkläre, dass wir für Brot Schlange stehen müssen und Zucker nur auf Coupons bekommen, schaut er irritiert und lässt mich stehen, um Fahrgeld von den übrigen Fahrgästen zu kassieren. Ich weinte um Taha, vielleicht auch, weil ich starkes Heimweh hatte, nicht einfach Sehnsucht nach meinen Töchtern oder meiner Familie, nein, ich war krank, weil mir die Hitze fehlte, der Schweiß und das Wasser des Nils. Das englische Wort *homesick* drückt das sehr passend aus; diesen Begriff gibt es im Arabischen nicht. Auf Arabisch würde man meinen Zustand mit »Verlangen nach Heimat« oder »Entfremdungsschmerz« umschreiben, und auch das traf ja zu. Ich war ja entfremdet, fremd an diesem Ort, über den die Dunkelheit nachmittags um vier unnatürlich früh hereinbrach, während die Einheimischen weiter ihren Geschäften nachgingen, unbeeindruckt, als sei nichts geschehen.

Ich lebte in einem Land, das Taha nie gesehen hatte, und doch war er mir in Gedanken so nah wie seit Jahren nicht mehr. Vielleicht lag es an meiner neuen Einsamkeit, vielleicht erschien er mir auch in Träumen, an die ich mich nicht erinnerte. Oder schwirrte mir nur der Kopf, weil alles um mich herum so neu war? Ein Jahresvertrag mit dem BBC World Service hatte mich nach London geführt. Wenn ich die Nachrichten in arabischer Sprache las, erreichte meine Stimme täglich, kühl und distanziert, meinen Mann in Kuwait und meine Eltern, die in Khartoum meine Kinder hüteten.

Mittlerweile war ich älter als Taha bei seinem Tod. Er war damals zehn Jahre älter als ich und hatte, wie meine anderen Brüder auch, all meine Launen ertragen und mich verwöhnt. Sein Tod versetzte meiner Seele einen Stich, der nie ganz verheilt ist. Wie sollte ein so junger Mensch auch verkraften, dass ihm ein Bruder plötzlich wegstirbt, am Tag seiner Hochzeit? Zunächst schien es ein schrecklicher Irrtum zu sein, der sich jedoch schnell als Illusion entpuppte, als Wunschtraum. Der Todesengel irrt sich nicht. Er macht keine Fehler. Dieser zuverlässige Diener hält alle seine Verabredungen ein, ist zur vorbestimmten Zeit am vorbestimmten Ort. Taha ahnte nicht, dass er sterben würde. Nervös war er, ungeduldig gewiss, doch nicht aus diesem Grund, nicht, weil sein Ende so nah war. Es tat zu weh, sich auszumalen, wie schrecklich der Schock für ihn gewesen sein musste, sein völlig vergeblicher Kampf gegen das Unausweichliche. Keiner von uns hatte das vorhergesehen. Wie sollten wir auch, wenn wir alle bis zum Hals in Hochzeitsvorbereitungen steckten und unser Haus zum Bersten voll war mit Verwandten, die beim Kochen halfen?

Jenseits der beschlagenen Fensterscheiben des Busses sah ich die Worte »Gulf Air« in Arabisch und Englisch auf den Eingangstüren zum Büro der Fluggesellschaft und stellte mir vor, dass ich dort eines Tages ein Flugticket kaufen und zu Hamid nach Kuwait fliegen würde. Das Schicksal unserer Generation scheint Trennung zu sein, von der Heimat oder von der Familie. Auf der Suche nach Arbeit, die wir im eigenen Land nicht finden können, gehen wir bereitwillig überallhin. Hamid sagt, in Kuwait leben viele Sudanesen, und er hofft, dass ich mit den Mädchen bald nachkommen kann, nächstes Jahr vielleicht. Ich telefoniere jede Woche mit ihm, wir führen lange, entspannte Gespräche. Trotz der immens hohen Telefonrechnungen scheinen wir unfähig, uns kurz zu fassen. Hamid erzählt mir lustige Geschichten über die Emire, deren Pferde er betreut. Im Sudan stirbt das Vieh reihenweise, aus Futtermangel oder an Krankheiten, Tiere, von denen viele Menschen leben könnten. Und einer der wenigen Tierärzte des Landes arbeitet im Ausland, versorgt Pferde, die ein paar Leuten allein zum Vergnügen dienen. Und warum? Weil er seinen Töchtern eine gute Ausbildung bieten, sich beruflich auf dem neuesten Stand halten will. Und um die vielen in seine Ausbildung investierten Lebensjahre dadurch zu rechtfertigen, dass er angemessen verdient. Und ich geriet bei dem Gedanken an Tahas kurzes Leben ins Grübeln.

An der Regent Street musste der Busfahrer sich hochrappeln, um zu verhindern, dass weitere Fahrgäste zustiegen. Verglichen mit dem Gewimmel der Einkaufsbummler in den hell erleuchteten Straßen kam der Bus nur im Schneckentempo voran. Eine Schaufensterdekoration ausgefallener als die nächste und zusätzlich zur Straßenbeleuchtung überall Lichterketten. Lichterketten, die um die Bäumchen auf den Gehsteigen gewunden und an Drahtseilen über die Straße gespannt waren. Festliche Dezemberbeleuchtung. Blaue, rote, grüne Lämpchen, besser verarbeitet als die schlicht an Stromkabeln aufgereihten Glühbirnen, mit denen wir in Khartoum das Hochzeitshaus schmückten.

Doch Tahas Hochzeitslichter wurden ihrer Aufgabe an jenem Abend nicht gerecht. Als es dunkel wurde, hatten wir ihn bereits beerdigt und trauerten, statt zu feiern. Und das Hochzeitsmahl wurde nach und nach von der Trauergesellschaft verzehrt. Die Frauen saßen drinnen auf den am Boden ausgelegten Matratzen, die Männer auf wackligen Metallstühlen unter einem Zelt vor dem Haus, den Staub der Straße unter ihren Füßen. Und sie tranken Wasser und Tee, nicht die süße Orangeade, die meine Mutter und ihre Freundinnen aus kleinen, mit Zucker gekochten Orangen bereitet hatten. Den Saft bekam eine Nachbarin, die sich erdreistet hatte, danach zu fragen. Ihre Kinder schleppten die süße Flüssigkeit in großen Plastikflaschen nach Hause, hatten erwartungsvoll glänzende Augen, feuchte Lippen.

Tahas Tod hinterließ eine tiefe Wunde in mir, und ich blieb für lange Zeit schmerzempfindlich, hell. Der Tod war mir so nahe gekommen, dass ich fast euphorisch wurde;

ich konnte deutlich erkennen, dass nicht nur das Leben, sondern die Welt überhaupt vergänglich ist. Doch mit der Zeit stumpfte ich ab, versank wieder im Alltagstrott. Über all die Jahre hatte ich das Gefühl der Verletzlichkeit verdrängt und freute mich nun über die zurückgewonnene Empfindsamkeit, war froh, wieder trauern zu können.

Tahas Leben: Ich hatte zwar nicht viel davon mitbekommen, doch ich erinnere mich an seine Verlobung und an die leise Eifersucht, die ich seiner Freundin gegenüber empfand. Eine Mischung aus Bewunderung und dem Wunsch, ihr zu gefallen. Sie war Studentin und erschien mir sehr redegewandt und selbstsicher. Ich weiß noch, dass ich sie einmal in ihrem Studentenheim besuchte und dass Taha, die Hände in den Hosentaschen, mit den Füßen Muster in den Staub zeichnete, während er draußen am Tor auf uns wartete. Ihr Zimmer war voller Leben, Kleider und Schuhe am Boden verstreut, bunte Poster an den Wänden. Mitbewohnerinnen kamen zum Plaudern, Freundinnen gingen ein und aus, vertilgten die letzten Kekse aus der offenen Schachtel auf dem Schreibtisch, borgten sich den Gebetsteppich oder zogen sich den Lidstrich mit *Kohl* aus einem silbernen Fläschchen nach. Sie musterten mich mit prüfenden Blicken, um zu erforschen, ob ich Taha ähnlich sah, lachten über Witze, die ich nicht verstand, und ich saß nervös auf der Bettkante, lächelnd, und brachte kein Wort heraus. Anschließend gingen wir mit Taha auf den Fußballplatz zum Konzert einer Studentengruppe. Ein Stück, der gesungene Brief eines politischen Gefangenen an seine Mutter, ging mir besonders nahe. Tahas Braut schrieb mir den Text später auf, summte die Melodie dazu, sah blendend aus, und Taha lobte ihre feine Handschrift.

In den Schaufenstern Puppen in Pose, Fremde, dem verrückten Treiben in der Oxford Street entrückt. Wolle, kostbare Seide und Kleider aus Satin. »Taha, soll ich heute Abend das rosa Kleid anziehen oder das grüne?«, fragte ich ihn am Morgen seines Hochzeitstages. »In dem Grünen seh ich doch aus wie, wie eine Wassermelone, schau.« Sein Zimmer, eine ausgebaute Veranda, war vom Flur aus durch ein Fenster einsehbar, die Tür bestand nach wie vor aus Fensterläden. Taha schlief nie in seinem Zimmer. Wir alle schleppten stets am frühen Abend unser Bettzeug ins Freie, damit die Laken schon kühl waren, wenn es Zeit war, die Sterne am Himmel zu betrachten. Selbst bei Regenwetter ließ Taha sich nicht beirren, er zog sich schlicht und einfach sein Laken über den Kopf und schlief weiter. Wenn irgendwann der Staub immer dichter wurde, fasste ich ihn an der Schulter, um ihn wachzurütteln, damit er ins Haus käme, doch er schrie mich an, wollte in Ruhe gelassen werden. Am nächsten Morgen war sein Haar unweigerlich voll Staub, er hatte Sand in den Augen und zwischen den Wimpern. Er nieste und schimpfte mit mir, weil ich nicht hartnäckig genug darauf bestanden hatte, ihn ins Haus zu holen.

Nun lächelte er mich an in meinem grünen Kleid, sein Koffer, zur Hälfte gepackt, lag offen auf dem Boden. Er selbst lehnte an der Tür aus Fensterläden, stemmte sein Gewicht dagegen. Durch die Ritzen sickerte das Zischen und Brutzeln von Gebratenem, klirrten Gläser, die nach Räucherwerk dufteten, und man hörte Hammerschläge auf einem Eisblock, von dem Splitter wie zornig wegspritzten, zerbarsten, sich schließlich in ihr Schicksal fügten und bei der Berührung mit dem warmen Boden zerschmolzen. Jemand rief nach Taha, eine Tante legte die hohle Hand an den Mund, ließ die kräftige Zunge tanzen, hin und her, und trillerte den Jubelschrei, das Freudengeheul. Andere stimmten mit ein, der Ruf schwoll an und erfasste wie eine kraftvolle Welle bald das ganze Haus. Kam die Musik vom Band oder sang da wirklich jemand dieses lächerliche Lied vom honigsüßen Bräutigam, *Our Bridegroom like Honey*, der nirgends seinesgleichen fand? Meine Frage nach dem Kleid beantwortete Taha mit Worten, von denen ich wusste, wie absurd sie waren und die ich dennoch gerne glauben wollte. »Heute Abend wirst du schöner sein als die Braut.«

Der Bus fuhr Richtung Norden, vorbei an Regent Park und der Zentralmoschee; hier war alles friedlich und dunkel nach dem Gedränge im Stadtzentrum. Ich war froh, die bunten Lichter nicht mehr sehen zu müssen, für mich sind sie Ausdruck aufgesetzter Fröhlichkeit. Früher hatte ich selbst solche Lichterketten in Händen gehalten, hatte den Staub von jeder einzelnen Glühbirne gewischt und Taha gefragt: »Wie konntest du dir die nur andrehen lassen, so staubig?« Und er hatte mir geholfen, hatte sie mit dem Tuch abgestaubt, das er sonst nur für sein Auto benutzte, ging mir zur Hand, weil er es kaum erwarten konnte, die Lichter rund ums Haus anzubringen. Ich hatte ihn damit aufgezogen, dass die bunten Birnchen kein regelmäßiges Muster ergaben. Wir lachten beide darüber und suchten vergebens, in der Abfolge eine Ordnung zu entdecken – sie war wirklich willkürlich, chaotisch. Später kam Hamid vorbei, Tahas Freund, und bot an, beim Aufhängen der Lichter zu helfen. Ich bat Taha, mir ein Geschenk aus Nairobi mitzubringen, wo er seine Flitterwochen verbringen würde, und Hamid hatte mich angestarrt, unverwandt, hatte auf seine unbeschwerte Art gelacht und ohne seinen Neid zu verbergen gesagt: »Er wird gar keine Zeit haben, dir Geschenke zu kaufen.« Damals waren Hamid und ich noch gar nicht verlobt, und ich spürte, wie verlegen mich seine Worte machten, ließ die beiden stehen, um seinen Blicken zu entgehen.

Die Glühbirnen brachten Taha den Tod. Eine jener willkürlich herausgegriffenen, abgenutzten Lichterketten, die seit Jahren an ein Hochzeitshaus nach dem anderen verliehen wurden. Ein blankes Stromkabel, achtlos berührt. Die eilige Fahrt ins Krankenhaus, wo eine streunende Katze um die Pfosten am Totenbett unseres Bräutigams strich. Und in den Korridoren kauerten Menschen, dicht an dicht, die Klagerufe für Taha, aufgenommen von den schmierigen Wänden, von trägen Fliegen und von großzügigen Mitmenschen, die Raum und Tränen hatten für einen Fremden, dem sie nie zuvor begegnet waren.

Meine Mutter, immer schon eine gläubige Frau, wimmerte und weinte, streute sich jedoch weder Asche aufs Haupt, noch zerriss sie sich ihre Kleider, wie manche einfachen Frauen das tun. Sie sagte nur wieder und immer wieder: »Ich wünschte, diesen Tag müsste ich nicht erleben.« Am größten war der Schock wohl für Hamid, denn er hatte gemeinsam mit Taha die Lichterketten angebracht.

Hamid erklärte mir später, er sei nach Tahas Beerdigung nicht gleich mit den anderen Männern weggegangen. Er war am Grab geblieben und hatte gebetet, um die Seele seines Freundes für jenen Moment zu stärken, in dem die entscheidende Frage gestellt würde. In jenem Augenblick im Grab, an der Schwelle zwischen Tod und Ewigkeit, wenn die Engel die Seele fragen: »Wer ist dein Herr?«, darf kein Zaudern sein, dann darf man nicht sagen: »Ich weiß es nicht.« Die Antwort muss ohne Zögern kommen, klar und deutlich, und für diese Zuversicht, für die Unerschrockenheit im Angesicht der Angst, die Taha gespürt haben mochte, hatte Hamid gebetet.

Seit bald sieben Monaten war ich nun schon in London und hatte noch keinem Menschen von Taha erzählt. Ich hatte das Gefühl, es wäre geschmacklos oder könnte klingen wie ein schlechter Witz, doch ich wusste, dass Stromschläge in Khartoum auch schon anderen Menschen das Leben gekostet hatten, auch wenn ich sie nicht persönlich kannte: Ein Junge hatte an eine Straßenlaterne gepinkelt, aus der Stromkabel ragten, blanke Drähte. Ein Mädchen aus meiner Schule hatte beim Saubermachen ihres Kühlschranks barfuß davor gehockt, in der Lache aus abgetautem Eiswasser, zu dicht an der Steckdose. Die jüngere Schwester des Mädchens war meine Klassenkameradin, und so fuhr die ganze Klasse, vierzig Mädchen, gemeinsam mit dem Schulbus die Familie besuchen. Unterwegs sangen wir Lieder, wie bei einem Schulausflug, und ich habe diesen Tag trotz allem in angenehmer Erinnerung.

Die Beziehung zwischen meiner Familie und Tahas Braut verschlechterte sich mit der Zeit. Bald tauschten die

Mütter keine aufwändig zubereiteten Speisen mehr aus, besuchten die Familien einander weder zu Eid am Ende des Fastenmonats Ramadan noch zum späteren Opferfest. Aus Pflichtgefühl hatten meine Eltern ihr angeboten, einen meiner Brüder zu heiraten, doch sie und ihre Familie hatten das Angebot abgelehnt. Sie heiratete stattdessen einen ihrer Cousins, einen einfachen Mann, weniger gebildet jedenfalls als Taha. Manchmal sah ich sie in Khartoum mit ihren Kindern, und wir grüßten einander nur, wenn sich unsere Blicke trafen.

Zum Gedenken an Taha baute mein Vater in seinem Heimatdorf am Blauen Nil eine kleine Schule. Ein Klassenzimmer aus Lehm, in dem kleine Kinder lesen und schreiben lernen sollten. Das beste Werk, das man im Gedenken an einen Toten tun kann, ist, etwas Bleibendes zu schaffen, das auch nach Jahren noch Früchte trägt. Doch wie viele andere hatte auch die Schule meines Vaters mit einigen Schwierigkeiten zu kämpfen: Büchermangel; teures Papier; kaum ein Schüler kam zum Unterricht, wenn Eltern ihre Kinder daheim behielten, damit sie ihnen zur Hand gehen konnten. Mein Vater ließ sich nicht beirren und machte die Schule nach seiner Pensionierung zu seinem Hobby. Heute bietet sie ihm außerdem oft Gelegenheit, die Hauptstadt zu verlassen und aufs Land zu fahren, um alte Freunde und seine Familie zu besuchen. Was meine Mutter für Taha tat, war weniger aufwändig. Sie kaufte einen *Zeer*, einen großen Tonkrug, den sie an einem Baum vor unserem Haus anbringen ließ. Der *Zeer* wurde mit Wasser gefüllt, das angenehm kühl blieb, und er wurde mit einem

Holzdeckel verschlossen, auf den man einen Blechbecher stellte. Ich füllte jeden Morgen frisches Wasser aus dem Kühlschrank in den Krug, und wer tagsüber vorbeikam, von der sengenden Sonne erschöpft und durstig, konnte Wasser trinken und sich im Schatten unter dem Baum erholen. Auch in London traf ich auf diesen Brauch, Bänke, zum Gedenken an Verstorbene in Gärten oder Parks aufgestellt, damit Menschen ausruhen konnten. Meine Mutter wollte nie glauben, dass sich Leute freiwillig der Sonne aussetzten, doch sie hatte kalte, dunkle Dezemberabende ja nie erlebt.

Ich musste bald aussteigen, denn wir hatten Lords Crickets Grounds, Swiss Cottage und Golders Green längst hinter uns. Meine Station lag kurz vor der Endstation, und es saßen nur noch wenige Fahrgäste im Bus. Wenn er mich abgesetzt hatte, machte er einen Bogen und begann seine Route von vorn. Über die Jahre kommt auch meine Trauer um Taha wie in Wellen, schwillt an, ebbt ab. Sie taucht sporadisch auf, wie der westindische Busfahrer, und ist nur schwer vorherzusagen. Vielleicht fährt er morgen Abend wieder seine Runde. »Gefallen dir die Weihnachtslichter?«, wird er fragen, und ich, froh, ein vertrautes Gesicht zu sehen, und frierend in der fremden Dunkelheit, werde antworten: »Ja, ich staune über die bunten Lichter.«

Souvenirs

Sie brachen früh auf, vor Sonnenuntergang. Um diese Zeit machte man zwar keine Besuche, doch die Fahrt würde lang werden, und seine Schwester Manaal meinte, im Dunkeln könne sie das Haus des Malers nicht finden. Aus dem Schatten des überdachten Abstellplatzes glitt der Wagen ins gleißende Sonnenlicht des Nachmittags, die leeren Straßen so still wie bei Tagesanbruch.

Seit er vor zwei Wochen aus Schottland gekommen war, hatte Yassir zu dieser Tageszeit das Haus noch nie verlassen. Nach dem Mittagessen war er immer zu Hause geblieben, hatte seine alte *Jellabia* übergezogen und geruht. Nun lag er ausgestreckt auf einem der Betten, die im Wohnzimmer an den Wänden standen, kaute auf einem Zahnstocher und unterhielt sich mit Manaal, ohne sie anzusehen. Sie lag auf einem Bett im rechten Winkel zu seinem, die Füße an seinem Kopfende, und hätte sich wie zu Kinderzeiten recken und ihn mit den Zehen an den Haaren ziehen können. Und Yassir hätte, wie als kleiner Junge, seine Fersen an der weißen Wand gerieben und braune Flecken hinterlassen, für die er später seine Strafe bekommen hätte. Heute aber kamen die Geschwister miteinander ins Gespräch, zaghaft zunächst, um gemeinsame Interessen zu ertasten, sich an vergangene Zeiten zu erinnern, ein wenig über andere Leute herzuziehen, während der Luftstrom der Klimaanlage leicht unter die Ränder der Laken fuhr, sie hier und da anhob und auch die Gerüche des Mittagessens vertrieb. Bald würde das Brummen des Ventilators den Raum beherrschen, ihre Gedanken davontragen, und sie würden so lange schlafen, bis der Garten vollständig im Schatten läge.

In diesen Teil des Alltags in Khartoum hatte Yassir sich leicht wieder hineingefunden, nach fünf Jahren auf den Bohrinseln in der Nordsee, dem Lärm der Hubschrauber von und nach Dyce Airport, der grauen See mit Wellen so wirr wie der Himmel. Fünf Jahre lang zwei Wochen auf der Bohrinsel und zwei Wochen bei Emma in Aberdeen. Dort gab es keinen Mittagsschlaf, und dennoch konnte er hier liegen und wissen, das ihm der Rhythmus, den ihm die Klimaanlage eingab, vertraut war, wohl bekannt. Gleich nach seiner Ankunft hatte er frisches Stroh in die Anlage gefüllt. Auf einem umgestülpten Pepsi-Kasten hatte er draußen gestanden, das schmierige, durchlöcherte Gehäuse mit einem Schraubenzieher aufgebrochen, hatte Spinnweben freigelegt und Unmengen von Staub aufgewirbelt: feinen, frischen Puderstaub und klumpige Flusen, die jede Ähnlichkeit mit Sand verloren hatten. Der alte Strohballen war im Laufe der Jahre geschrumpft; ständig dem Kühlwasser ausgesetzt, war er dunkel geworden und hart. Yassir hatte die Wasserpumpe geölt und den Strohballen ausgetauscht. Tagelang roch das ganze Haus nach frischem Stroh, aus der Anlage kam kühlere Luft. Seine Mutter dankte ihm und betete, wie früher schon, dass er nur guten Menschen begegnen möge. Tatsächlich hatte er stets Glück mit denen, die seinen Weg kreuzten, Menschen, die die Gabe hatten, ihn in seinem Sinne zu fördern. Früher seine Lehrer, heute sein Chef, seine Kollegen, Emma.

Doch seine Mutter nannte Emma: »Deine Frau – wie heißt sie noch gleich?« Sie brachte Emmas Namen nicht über die Lippen. »Erinnerte« sich nicht daran. Hieße Emma Jane, Alison oder Susan, es wäre allen gleich ergangen, jeder Frau von »außerhalb«. Außerhalb des riesigen Vorrats an Namen, aus dem seine Mutter schöpfen konnte, von denen sie eine Vorstellung hatte. Das war sein Los, nicht mehr und nicht weniger. Er nahm es hin, so wie der Nomade die Zeit der Dürre erträgt, wenn sie sein Land heimsucht, sein Vieh dahinrafft; er trotzt der Gefahr, bis die harte Zeit vorübergeht und der Regen kommt. Manaal lächelte jedes Mal verlegen, wenn ihre Mutter diese Bemerkung machte. Und als habe die Zeit den Altersunterschied zwischen den Geschwistern verwischt, unternahm sie stets den zaghaften Versuch, ihren Bruder zu verteidigen. »Lass ihn in Ruhe, Mama«, sagte sie, flüsternd, auf der Hut, mied ihre Blicke aus Angst, ihre Worte könnten den Ausbruch erst auslösen, statt ihn zu verhindern. Manaal hatte Emma vor zwei Jahren in Aberdeen kennen gelernt. Was sie über seine Frau erzählt, welche Worte sie gewählt hatte, um die Ablehnung zu zerstreuen, die seine Mutter gegen Emma hegte, wusste Yassir nicht.

Für ihn bedeutete Emma Aberdeen. Unberührtes Land hinter der See. Raue Wirklichkeit nach der Geradlinigkeit der Bohrinsel. Eine Art Freiheit. Vor Emma waren seine Urlaube an Land ohne Ziel gewesen, enttäuschte Erwartungen. Dabei war es für die Beschäftigten auf den Bohrinseln doch so wichtig, an Land ein erfülltes Leben zu führen, um die harten Zeiten auf See zu überstehen. Er suchte nach einer Formel, einem Ritual, nach innerer Ruhe, die ihm verwehrt blieb. Bis zu dem Tag, an dem er zum Zahnarzt ging, um zwei Füllungen erneuern zu lassen, und mit Procaintauben Lippen laut »Emma« gelesen hatte, den Namenszug in arabischer Schrift, den die Arzthelferin an einer Goldkette um den Hals trug.

»Deine Frau – wie heißt sie noch gleich?«, sagte seine Mutter, strich unbeholfen eine Tatsache glatt, zog sie lang und breit, tat ihr weh dabei. Ein Faktum, eine Geschichte: Vor drei Jahren hatte Yassir Emma in die Entbindungsstation nach Foresterhill gefahren, mitten in einer Sommernacht, hell wie die Abenddämmerung, und Emma hatte eine Tochter geboren, die allerdings bis zum Nachmittag des nächsten Tages auf sich hatte warten lassen. Immer, wenn er sie nach zwei Wochen wiedersah, hatte sich Samia verändert. Dass seine Tochter so rasch wuchs, führte ihm deutlicher als alles andere vor Augen, wie schnell die Zeit verging. Zwei Wochen Bohrinsel, zwei Wochen bei Emma und Samia und wieder zwei Wochen auf See. Emma fuhr ihn zum Heliport, Samia im eigenen Kindersitz auf der Rückbank. Eine Tatsache, eine Geschichte. Doch wenn Manaals Freundinnen sie besuchten, mit kleinen Kindern die einen, Karrierefrauen, beruflich erfolgreich, die anderen, hing stets ein Hauch von »Siehst du, was dir entgeht« in der Luft. Eine Atmosphäre, die weder ausgelassen war noch reuevoll. Angesichts dieser Wahrheit wurde Yassir bitter bewusst, dass seine Mutter der Meinung war, er könne Emma einfach verlassen, sich von seinem Kind trennen, nach Hause zurückkehren und die vergangenen fünf Jahre schlicht als Fehltritt abtun, sie sehr schnell vergessen. Er könnte eine von Manaals Freundinnen heiraten, der es gleichgültig wäre, dass er bereits eine Ehe hinter sich und irgendwo in Europa ein Kind zurückgelassen hatte. Eine Braut, die derlei Erfahrungen eben als Männersache hinnehmen würde. In Gesprächen mit ihren Freundinnen würde sie das Wort »erfahren« besonders betonen und dabei verstohlen lächeln.

Da in den Straßen Stille herrschte, schwiegen auch die Geschwister, wie um die Mittagsruhe nicht zu stören. Yassir fuhr langsam, Kieselsteine spritzten unter den Autoreifen weg, er bemühte sich, die Schlaglöcher zu umfahren. Die Autofenster waren weit heruntergekurbelt, Staub drang in den Wagen, doch bei geschlossenen Scheiben wären sie wohl erstickt. Sie fuhren von ihrem Haus in Safia aus über die Brücke und erreichten Khartoum; hier in der Stadt herrschte mehr Betrieb, es gab mehr Autos, mehr Menschen belebten die Straßen. Auf diesem Teil der Fahrt in die Stadt dachte Yassir an das Blue Nile Cinema, ein Stück unterhalb der Brücke. Er erinnerte sich daran, wie er als Student aus dem Kino kam und spät abends zu Fuß zurück in sein Wohnheim ging, in die Baracken, wie es damals hieß, eine ehemalige Kaserne. Er schlenderte dahin, mit Freunden, in einem Hochgefühl, noch ganz im Bann des eben gesehenen Films: *A Man For All Seasons*, *Educating Rita*, *Chariots of Fire*.

Sie hatten noch ein gutes Stück Weg vor sich, über die Schnellstraße, vorbei am Flughafen, über Riyadh hinaus, in die Neubaugebiete Taif und El-Ma'moura. Keine besonders gelungene Idee, eine Wochenration Benzin zu investieren, und wenn der Maler nicht zu Hause war, wären sie auch noch vergeblich unterwegs gewesen. Doch Manaal war optimistisch. »Sie sind bestimmt zu Hause«, sagte sie, »*Inschallah.* Erst recht, wenn wir zeitig ankommen, bevor sie aus dem Haus gehen.« Es gab keine Telefonverbindungen nach El-Ma'mourna, ein Neubaugebiet ohne Hausnummern, ohne Straßennamen.

Heute Morgen hatte Yassir gesagt, er wolle ein, zwei Bilder kaufen und sie mit nach Aberdeen nehmen, und Manaal hatte Ronan K. vorgeschlagen, den Engländer; seine Frau gab Englischunterricht (Manaal hatte früher Privatstunden bei ihr genommen). Jetzt, im Wagen, erkundigte sich Yassir genauer nach ihm, und sie sagte: »Jahrelang saß er einfach nur rum, hatte keine Arbeit, vielleicht malte er auch damals schon. Mir wurde es erst bewusst, als das Hilton bei ihm Bilder für die Cafeteria in Auftrag gab. Kein Mensch weiß, warum die beiden hier leben. Alle Welt hält sie für Spione.«

»Ihr seid so sensationslüstern«, sagte Yassir. »Was gibt's denn hier zu spionieren?«

»Sie sind nett«, sagte Manaal. »Ich hoffe, sie sind keine Spione.«

Yassir schüttelte den Kopf und sah ein, dass er sich vergeblich bemühen würde, sie zur Vernunft zu bringen.

Die Bilder waren nicht seine, sondern Emmas Idee. Sie hatte oft gute Einfälle, immer neue Anregungen, eine der

Eigenschaften, die er an ihr so bewunderte. Yassir kannte sich kaum aus in Malerei. Wenn er einen Raum betrat, fielen ihm Gemälde nicht auf, und insgeheim fand er sie sogar extravagant. Doch das ging ihm bei vielen Dingen so, die Emma anschaffte. Was er als Luxus empfand, hielt sie für lebensnotwendig. Die Bambi-Tapete in Samias Zimmer zum Beispiel, die passend zu den Vorhängen gekauft werden musste, die zur Bettdecke passten, zu der Klopfer auf dem Kopfkissen passte. Und passend dazu gab es das Bambi-Video, das Buch vom Junikäfer und ein Pop-up-Buch. Er murrte jedes Mal, doch sie überredete ihn. Sie erzählte ihm, wie sie als Kind im Kino geweint hatte, als Bambis Mami erschossen wurde. Popcorn hatte die Tränenflut nicht eindämmen können, und auch die Nase lief weiter. Über Pop-up-Bücher und Halloween-Kostüme sagte sie: »Die hatte ich als Kind auch.« Er dachte jedes Mal: »Ich nicht.«

Diesmal hatte Emma vor seiner Abreise gefragt: »Was kannst du aus Khartoum für Zuhause mitbringen?« Sie aßen Müsli und sahen dabei *Mr. Motivator* zu, auf GMTV. Mr. M. hielt in jeder Hand eine Flasche Mineralwasser, anderthalb Liter jeweils, und benutzte sie als Gewichte. Er ging in die Knie und kam wieder hoch, runter, rauf, *die Knie bis über die Zehen.* Die Etiketten hatte man vorsorglich von den Flaschen entfernt.

»Nichts. Es gibt nichts«, hatte Yassir geantwortet.

»Was kaufen die Touristen dort?«

»Da gibt's keine Touristen«, sagte er, »das ist kein Urlaubsort. Die wenigen Ausländer sind zum Arbeiten dort.«

In seiner Studienzeit war Yassir einmal einem britischen Journalisten begegnet. Komisch hatte der ausgesehen in seinen Shorts. Shorts trug man doch sonst nur beim Sport. Er war mit Yassir und seinen Freuden ins Gespräch gekommen.

»Irgendwas muss es doch geben«, meinte Emma, »Holzschnitzereien, Körbe ...«

»Es gibt einen Laden, der Sachen aus Elfenbein anbietet. Elefanten und solchen Kram.«

»Nein. Kein Elfenbein.«

»Wie wär's mit einer Kroko-Tasche?«

»Nein, igitt.«

»Schlangenleder?«

»Hör auf, ich finde das gar nicht lustig.«

»Straußenfedern?«

»KEINE TOTEN TIERE. Lass dir was anderes einfallen.«

»Einen Perlenmarkt gibt es. Jemand hat mir davon erzählt. Ich weiß zwar nicht, wo er ist, aber das kann ich rausfinden.«

»Bring mir Perlen mit, ich kann mir eine Kette machen lassen.«

Ketten mochte Emma, im Gegensatz zu Armreifen oder Ohrringen. Die Goldkette mit ihrem Namen in arabischer Schrift stammte von einem Ex-Freund, einem Prospektor von den Bohrinseln bei Oman, auf Schicht in der Nordsee.

»Überleg's dir doch und komm mit. Du kannst die Malariapillen nehmen, Samia den Sirup, ihr lasst euch ein paar Spritzen geben und ...«

»Ein paar Piekser! Typhus, Gelbfieber, Cholera, TB! Und wer weiß, am Ende beißen Samia noch die Sandflöhe, von denen Manaal erzählt hat, als sie hier war. Samia ist doch erst drei. Der ganze Aufwand – wenn sie älter ist, vielleicht ...«

»Willst du gar nicht sehen, wo ich aufgewachsen bin?«

»Doch, schon, aber – ich weiß auch nicht – du hast doch kein gutes Haar an der Stadt gelassen.«

»Es sind doch nur zwei Wochen Urlaub, mehr nicht. Meine Mutter kann dich und Samia kennen lernen, du schaust dir alles an ...«, sagte er und drehte *Mr. Motivator* ab.

»Bilder«, sagte sie, »bring Bilder von allem, auf das ich deiner Ansicht nach neugierig sein sollte, oder mach einfach viele Fotos und bring mir die Perlen mit.«

Er kaufte die Perlen, doch Fotos machte er nicht. Etwas schien ihn davon abzuhalten; er war nicht in der Lage, sein Haus abzulichten, seine Schule, die Kinos, durch die das schillernde Leben im Ausland in seine Heimat kam. Umso erfreuter war Yassir, als Manaal den englischen Maler erwähnte, auch wenn dies sein letzter Abend in Khartoum war. Morgen würde er nach Hause fliegen. Hoffentlich mit Bildern für Emma im Gepäck. Sie würde sorgsam prüfen, wo jedes Bild aufzuhängen wäre, hier an der Wand oder dort. Auf solche Dinge achtete sie so viel mehr als er. Sogar um Samia kümmerte sie sich intensiver als er. Ganz gleich, ob das Kind aufstieß oder wimmerte, Emma war stets darauf eingestimmt. Im Vergleich zu ihr schien Yassir befangen, unfähig, seine Gefühle für seine Tochter auszudrücken. Manchmal kam er sich in Gesellschaft der beiden sogar überflüssig vor, hatte den Eindruck, sie kämen gut ohne ihn aus. Und wenn er auf der Bohrinsel war, taten sie genau das. Sie führten ein Leben zu zweit: Spielplatz, Kinderturnen, Duthie Park. Während ihrer Zeit in Aberdeen hatte Manaal oft gesagt: »Emma geht so geschickt um mit dem Kind. Sie redet so vernünftig mit Samia, wie mit einer Erwachsenen.«

Jetzt, als sie die Airport Road entlang fuhren, fragte sich Yassir, ob Manaal ihrer Mutter so positive Dinge gesagt oder nur von dem Erlebnis am Tag ihrer Ankunft in Aberdeen berichtet hatte? Von dem Moment, in dem sie Emma das schlafende Kind hatte abnehmen wollen und Emma gesagt hatte: »Nein, lieber nicht. Sie erschrickt, wenn sie aufwacht und einen fremden Menschen sieht.« Dieses Erlebnis stand Manaal ins Gesicht geschrieben, solange sie in Aberdeen war, in Emmas Jacken und Pullis verkrochen, verloren, weil sie ihr zu groß waren, zu weit. Und irgendwann, wie verirrt in der Kälte, verfiel Manaal in einen Winterschlaf, schlief und schlief, nächtelang und auch über weite Strecken des Tages. Bis Emma schließlich sagte, sie hat doch was, irgendwas stimmt nicht mit ihr, sie ist krank, wieso schläft sie so viel, Yassir, wieso?

Als Manaals Beschützer hatte er die Achseln gezuckt, Aberdeens frische Luft, ohne zu erklären, dass seine Schwester sich stets so verhielt, schnell müde wurde und auf unerwartete Wendungen im Leben immer damit reagierte, dass sie sich eingrub und schlief.

Nachdem sie den Flughafen hinter sich gelassen hatten und nun Riyadh passierten, wollte Manaal plötzlich bei ihrer Freundin Zahra vorbeischauen, um sich der Adresse zu vergewissern. Zahras Mutter, eine Bulgarin, war mit Mrs. K. gut befreundet. Sie kannte die Adresse bestimmt.

»Ich dachte, du kennst den Weg?«

»Ich kenn ihn ja auch – aber ich will ganz sicher gehen. Wir müssen ohnehin dort lang fahren.«

»Kann man so früh überhaupt bei Leuten anklopfen?«

»Es ist doch gleich fünf. Außerdem sind ihre Eltern verreist – auf *Hadsch.*«

»Wer? Die Bulgarin? Du machst wohl Witze.«

»Nein, ernsthaft, *wallahi*«, sagte Manaal und war über sein Erstaunen amüsiert. »Zahras Mutter betet und fastet im Ramadan. Letztes Mal, als ich dort war, haben wir sie damit aufgezogen, dass sie, wenn sie aus Mekka zurückkommt, ein Kopftuch und nur noch langärmelige Kleider tragen wird. Und sie sagte: ›Nein, das nie, euer Land viel zu heiß, wie ein Ofen.‹«

Manaal ahmte sie nach, sprach gebrochen Arabisch mit bulgarischem Akzent und brachte Yassir zum Lachen. Er stellte sich Zahras Vater vor, ein Mann, dem es gelungen war, seine ausländische Ehefrau an den Islam heranzuführen, und bewunderte insgeheim seine Stärke und Selbstsicherheit.

Das Haus, vor dem Manaal ihn anhalten ließ, war von einer hohen Mauer umgeben. Baumwipfel ragten über sie hinaus und warfen Schatten auf die Straße. Manaal klopfte an die metallene Tür – eine Klingel gab es nicht. Sie schlug mit flachen Händen dagegen und spähte durch einen Spalt in den Hof, um zu sehen, ob jemand käme.

Yassir öffnete die Wagentür, um frische Luft reinzulassen, doch es war fast windstill. Tränen liefen über die Plastikfolie auf Manaals Sitz, aus dem gelber Gummischaum quoll. Durch die Windschutzscheibe verlief ein Sprung, schmal und lang wie der Nil, und eine der hinteren Türen ließ sich nicht mehr öffnen. In Aberdeen, dachte er, dürfte dieses Auto gar nicht mehr fahren, wäre »nicht mehr straßentauglich«, würde als Verkehrsrisiko eingestuft. Und hier sorgte einzig *Baraka* dafür, dass es noch rollte.

Der Wagen hatte durchaus bessere Zeiten gesehen, als Yassirs Vaters noch lebte. Damals ein solides Fahrzeug, das seinem Fahrer Prestige verlieh; heute war es das beste Beispiel dafür, wie schnell die Zeit verging, Beweis für Yassirs lange Jahre der Abwesenheit. Er hatte seiner Mutter und Manaal angeboten, ihnen ein neues Auto zu kaufen. Tatsächlich war das eines ihrer Gesprächsthemen gewesen, während er hier war: Ein neuer Wagen. Reparaturen am Haus. Teile der Gartenmauer verfallen. Warum zieht ihr nicht weg aus diesem Loch, in ein neues Haus? Doch seine Mutter und seine Schwester neigten dazu, sich mit allem zu arrangieren. Manaal hatte kürzlich ihre Stelle verloren. Seit dem Abitur hatte sie für eine dänische Hilfsorganisation gearbeitet, hatte in deren Hauptgeschäftsstelle im Souk Zwei Berichte verfasst. Als die Organisation ihre Aktivitäten im Süden des Landes einschränkte, waren Entlassungen die Folge. »Schau dich nach einer neuen Stelle um«, hatte er ihr gesagt, »oder hast du gewisse Pläne, von denen ich noch nichts weiß?« Sie hatte lachend geantwortet: »Sobald du wieder nach Aberdeen gehst, mache ich mich auf die Suche, und nein, gewisse Pläne gibt es nicht. Noch kein Silberstreif am Horizont.«

Ein Scherz zwischen ihnen beiden. Noch kein Silberstreif am Horizont. Diesen Satz schrieb sie unter Briefe, Briefe in arabischer Schrift, die Emma nicht lesen konnte. Jahr für Jahr. Inzwischen war sie fünfundzwanzig, und er spürte einen Hauch von Beunruhigung in diesen Worten. »Alle Männer, die im Sudan studiert haben, verdienen jetzt Geld im Ausland und heiraten dann ein so schönes Mädchen wie dich«, hatte er ihr kürzlich erklärt. »Was du nicht sagst«, hatte sie entgegnet, mit einem sarkastischen Unterton in der Stimme, der sonst nicht ihre Art war.

Manaals Blick wanderte von Zahras Haustür zu Yassir im Auto; sie zuckte die Achseln, schlug wieder mit beiden Handflächen gegen die Tür. Jetzt hörte sie wohl jemanden kommen, denn sie winkte ihm zu und nickte. Es war Zahra. Sie küsste Manaal zur Begrüßung, und er hörte die Worte Dusche und entschuldige. Sie kamen auf ihn zu, für ihn völlig unerwartet, und noch bevor er aussteigen konnte, beugte sich das Mädchen ins Auto und reichte ihm durch das offene Beifahrerfenster die Hand. Der Wagen war sofort erfüllt vom Duft nach Seife und Schampon, und Yassir ging durch den Kopf, dass seine Hand später nach ihrer Seife riechen würde. Ihre Haut hatte die gleiche Farbe wie die seiner Tochter Samia, Capuccino-Schaum, dunkelgraue Augen, dichte Augenbrauen. Ihr Gesicht war übersät mit rosa Pusteln, rund und erhaben, wie kleine Zuckerperlen. Er malte sich aus, wie traurig diese grauen Augen waren, wenn Zahra sich im Badezimmerspiegel ihre Akne besah, mit den Fingerspitzen prüfend über die Pickel fuhr.

Mit einem Zweig und Kieselsteinen zeichnete Zahra den Weg zum Haus des Malers in den Staub der Straße. Sie hockte auf wackligen Fersen, um ihre *Jellabia* nicht einzustauben. Sie zeichnete die Hauptstraße und deutete an, wo sie abbiegen mussten. An einem Haus ohne Gartenmauern, ohne Zaun, sagte sie, geht's links ab.

Sie erhob sich, wischte den Staub von den Händen, und als Manaal wieder ins Auto gestiegen war, winkte sie den beiden nach, bis der Wagen abbog und sie sie aus den Augen verlor. Yassir fuhr auf die Hauptstraße, vom Staub der Nebenstraße zurück auf Asphalt. Die Asphaltspur lag erhöht, war ohne Befestigung, und so wurde sie an den Rändern stetig untergraben, brach weg. Wie abgefressen sahen die Ränder aus, zerkrümelt. Der Nachmittag wurde milder, bald würde die Sonne untergehen.

»Wenn Samia groß ist, wird sie wohl so aussehen wie deine Freundin«, sagte Yassir.

»Gut möglich, ja. Daran hab ich noch gar nicht gedacht«, sagte Manaal. »Gefallen dir die Ohrringe für Samia?«

Er nickte. Seine Mutter hatte ihm ein Paar Ohrringe für seine Tochter gegeben. Er hatte sich bedankt und verschwiegen, dass Samia keine Ohrlöcher hatte.

»Langsam findet sie sich damit ab.« In seiner Stimme ein leicht triumphierender Unterton. Die Bemerkung bezog sich auf seine Mutter, und Manaal wusste das. Sie hatte aus dem Fenster geschaut. Nun wandte sie sich ihm zu und sagte: »Die Fotos, die du schickst, gefallen ihr. Sie zeigt sie bei jeder Gelegenheit.«

Yassir schickte Fotos aus Aberdeen. Bilder von Emma und Samia. Manche im Schnee aufgenommen, andere in den Winter Gardens im Duthie Park, wieder andere zu Hause.

»Und warum sagt sie mir das nicht? Statt immer nur ›Wie heißt sie noch gleich?‹ oder wer weiß was sonst zu fragen?«

»Du hättest sie rechtzeitig darauf vorbereiten, hättest … sie um Rat fragen sollen.« Manaal wählte ihre Worte mit Bedacht, schien ängstlich; vielleicht war sie auch nur müde.

»Und was hätte sie gesagt, wenn ich sie gefragt hätte? Sag mir, was hätte sie gesagt, was meinst du?«

»Weiß ich nicht.«

»Du weißt es sehr wohl.«

»Woher denn?«

»Nein hätte sie gesagt. Und was dann?«

»Was weiß ich. Ich weiß nur, dass es falsch war, ihr aus heiterem Himmel per Brief mitzuteilen: ›Ich habe geheiratet‹ – noch dazu in der Vergangenheitsform. Niemand macht so was.«

Er erwiderte nichts. Ihr verletzter Ton gefiel ihm nicht, als seien ihre eigenen Gefühle verletzt, nicht die ihrer Mutter.

Wie durch sein Schweigen verwirrt und um das Gespräch nicht abreißen zu lassen, fuhr sie fort: »Es war jedenfalls nicht nett von dir.«

»Immerhin war ich ehrlich.«

»Aber es war sehr schwer für sie. Sie war wie von einer Krankheit befallen, nachdem sie deinen Brief gelesen hatte. Kraftlos und krank ... «

»Eines Tages wird sie's akzeptieren.«

»Natürlich wird sie sich damit abfinden. Das ist es ja. Die Sache ist unabänderlich, aber du hättest es ihr leichter machen können, weiter nichts.« Und in weniger strengem Ton fügte sie hinzu: »Überleg dir was Theatralisches. Du musst vor ihr auf die Knie fallen und sie um Vergebung bitten.«

Diese Vorstellung amüsierte sie beide, sie lachten, gewiss auch, um die Atmosphäre zu entspannen. Er hätte es ihr gerne erklärt, hätte gerne über Emma gesprochen und gesagt, sie hat mich aufgenommen, ich stand am Rand, und sie hieß mich willkommen. Werden hier auf dem Zahnarztstuhl alle zu Tode gefoltert oder bin ich der erste, hatte er Emma an jenem Tag gefragt und ihr ein Lächeln entlockt, als er aus seinem Schmerz torkelte, die Lippen noch taub von Procain.

»Emma und Samia hätten dich begleiten sollen«, sagte Manaal.

»Das wollte ich ja auch.«

»Warum sind sie dann nicht mitgekommen?«

Diese Frage hatte sie früher schon gestellt, sie und viele andere mit ihr. Und er nannte jedem, der fragte, unterschiedliche Gründe. Jetzt im Auto hatte er das Gefühl, Manaal stelle die Frage mit Absicht, um die Wahrheit zu erfahren. Konnte er ihr sagen, dass Emma aus diesem Teil der Welt nur feine verdauliche Häppchen wollte, nicht die grobe ganze Portion? Sie wünschte sich Weihrauch aus dem Body Shop, *Tahina*, sicher verpackt aus dem Supermarkt.

»Vor manchen Dingen hat sie Angst.«

»Wovor denn?«

»Ich weiß auch nicht. Vor Sandflöhen, Malaria ... vor solchen Sachen eben.«

Er war verlegen und hatte das Gefühl, Emmas Vertrauen gebrochen zu haben.

Sie hörten den *Azan*, den Gebetsruf zum Sonnenuntergang, als sie nach dem Haus ohne Gartenmauer suchten, das Zahra erwähnt hatte. Doch solche Häuser gab es viele. Die Leute bauten drauf los, und wenn die Gartenmauer dran war, ging ihnen das Geld aus. Sie bogen links ab, verließen die asphaltierte Straße in El-Ma'moura und hofften, Manaal würde die Straße oder das Haus auch so finden.

»Kommt dir denn gar nichts bekannt vor?«, fragte er.

»Als ich zum letzten Mal hier war, sah alles noch ganz anders aus«, sagte sie. »So viele neue Häuser, ich bin ganz durcheinander.«

Straßen gab es hier nicht, nur Fahrspuren, die die Autos vor ihnen hinterlassen hatten, kaum befestigte Gehwege. Und weiter über Staub und Stein. Die Häuser, in verschiedenen Stadien der Vollendung, standen in Reih und Glied. An manchen Stellen bildeten sie ein Viereck, das eine große leere Fläche umschloss, die scheinbar für immer leer zu bleiben hatte, Bauen verboten.

»Das hier ist es vielleicht«, meinte Manaal.

Er parkte, sie klingelten, doch es war die falsche Adresse.

Wieder im Auto, folgten sie den verschiedenen Fahrspuren und beschlossen, sich durchzufragen. Wie viele Ausländer lebten überhaupt hier in der Gegend? Irgendjemand musste sie doch kennen.

Yassir fragte einen Mann, der vor seinem Haus saß, ein Bein angewinkelt, das Knie dicht vor der Brust, und seine Fußnägel bearbeitete. Nicht weit von ihm betete ein alter Mann, ein Stück Zeitung diente ihm als Gebetsteppich. Der Mann schien die Adresse nicht zu kennen, gab jedoch ausführliche Ratschläge und Erläuterungen.

Yassir fragte Passanten, doch auch sie kannten sich nicht aus. Die Sache zog sich hin, denn alle wollten ihn in Gespräche verwickeln.

»Jetzt bist du dran«, sagte er zu Manaal, als eine Frau aus ihrem Haus trat.

Manaal ging auf sie zu und blieb stehen, um mit ihr zu sprechen. Die Sonne war fast untergegangen, der Abendhimmel im Westen, die Häuser, die staubigen Straßen, alles schien in dieselbe Farbe getaucht, leuchtend, wie eine Flamme am Bohrturm, dachte Yassir. Manaals dunkle Silhouette vor einem Hintergrund aus Rot und Ziegelsteinen. Mit einer Hand hielt sie sich das Haar aus dem Gesicht, und ihr dünner Ellenbogen bildete zusammen mit Kopf und Hals ein lichtdurchflutetes Dreieck. Das würde ich malen, dachte Yassir, wenn ich könnte, würde ich Manaal so malen, mit ihren Ellbogen vor der untergehenden Sonne.

Als sie zum Auto zurückkam, schien sie erfreut: »Wir sind fast da«, sagte sie, »die Frau kennt die beiden. Die erste rechts, dann ist es das zweite Haus.«

Kaum waren sie rechts abgebogen, erkannte Manaal das einstöckige Haus mit dem blauen Tor wieder. Sie stieg noch vor Yassir aus und klingelte.

Ronan K. war älter, als Yassir ihn sich vorgestellt hatte. Er sah aus wie ein Fußballtrainer, übergewichtig, ohne schwerfällig zu sein. Im Licht der Laterne am Tor wirkte sein Haar schütter. Er erkannte Manaal wieder, und während sie einen großen, leeren Hof betraten und er das Tor hinter ihnen schloss, erklärte sie lang und breit, warum sie hergekommen waren und sich unterwegs beinahe verfahren hatten.

Der Fußboden im Haus war nicht gefliest, sondern hatte eine raue Oberfläche aus Stein; er erweckte den Eindruck, das Haus sei noch im Rohbau. Doch die Möbel standen geordnet, und überall lagen Teppiche. In einem Käfig nahe der Küchentür schwirrten Vögel. An einer Wand hing die Rückansicht einer Frau. In ihren *Tobe* gehüllt, balancierte sie einen Korb auf dem Kopf.

»Eines von ihren?«, fragte Yassir, doch Ronan sagte nein, er mochte seine eigenen Bilder nicht im Haus aufhängen.

»Meine Bilder stehen allesamt auf dem Dach«, erklärte er, brachte auf einem Tablett einen Plastikkrug mit *Kerkadeh* sowie Eis aus der Küche und drei Gläser. Beim Eingießen plumpsten einige Eiswürfel in die Gläser, und so entstand eine rote Lache, die sich in großen Mustern auf dem Tablett verteilte.

»Sie haben ein Atelier auf dem Dach?«, fragte Yassir.

»Dort male ich«, sagte Ronan. »Ich schließe allerdings ab. Wir hatten hier in der Gegend beachtlich viel *Haramiah*. Ich will nicht unterstellen, dass man meine Gemälde stehlen würde, aber ich baue lieber vor. Bin meist abends dort oben, so *Kahrabah* will.«

Yassir lächelte, als er die Worte Diebe und Strom auf Arabisch hörte. Ihm fiel ein, wie Manaal Zahras Mutter imitiert hatte. Er fragte sich, wie gut Ronan wohl Arabisch sprach.

»Meine Frau hat den Schlüssel. Sie ist allerdings bei den Nachbarn. Deren Tochter hat letzte Woche ein Kind bekommen. Deswegen veranstalten sie wohl gerade ein kleines Fest«, sagte er und sah Manaal an, als erwarte er von ihr die passende Erklärung.

»Eine *Simayah*«, sagte sie.

»Genau das«, sagte Ronan, »eine *Simayah*. Vielleicht könnten Sie rübergehen und den Schlüssel holen? Es ist direkt nebenan.«

»Bei Amina und ihrer Familie?«, fragte Manaal. »Die hab ich hier bei Ihnen schon mal getroffen.«

»Ja, bei Amina.«

»Als ich das letzte Mal hier war, wollte Amina ein paar Hühner in Ihrer Kühltruhe unterbringen. In ihrer eigenen hatte sie keinen Platz mehr.«

»Hühner, an denen die Köpfe noch dran waren und alle Eingeweide noch drin«, meinte Ronan. »Schrecklich ... Heute früh«, eine vage Geste in Richtung Küche, »kam sie mit einer Lammkeule.«

»Wer ist die glückliche Mutter?«, fragte Manaal.

»Mal schauen, ob ich das zusammenkriege«, antwortete er. »Die Schwester von Aminas Mann ist rein zufällig – um die Sache zu komplizieren – die Frau des Cousins von Aminas Mutter.«

Sie lachten über Ronans übertriebenen Seufzer der Erleichterung nach diesem erschöpfenden Erklärungsmanöver.

»Sagten Sie nicht, sie sei die Tochter des Nachbarn?«, fragte Yassir.

»Also, Amina, dieses Wesen«, sagte er und Manaal lachte und nickte, amüsiert über das »Wesen«, »lebt bei seinen Eltern, das heißt, eigentlich gehört das Haus ihren Schwiegereltern.«

Manaal stand auf, um nach nebenan zu gehen, und Ronan sagte: »Wissen Sie was, werfen Sie uns die Schlüssel einfach hoch aufs Dach. Wir warten dort auf Sie. Das spart Zeit.«

Auf dem Dach war es dunkel und kühl, der Fußboden war noch unebener als der im Haus. Das Geländer ums Dach war niedrig, kniehoch nur. El-Ma'moura lag ihnen zu Füßen, all die unfertigen Häuser, von Baugerüsten umgeben, Hügel aus Sand und weggeworfene Ziegelsteine. Schemenhaft schnüffelten streunende Hunde im Schutt. Giebel aus Pappkartons markierten die Stellen, an denen Wächter mit ihren Familien lebten, beauftragt, Zement, Toilettenschüsseln und Kacheln zu bewachen, die für die neuen Häuser geliefert wurden. Waren die Bauten fertig gestellt, blieben die Wächter noch dort, schöpften Leitungswasser ab, das auf die im Entstehen begriffenen Straßen quoll, bis man sie schließlich verscheuchte.

Vom Grundstück der Nachbarn drang der Lärm Fußball spielender Kinder herüber, ihr Gerangel, laut gerufene Namen. Eine schrille Frauenstimme im Haus. Yassir und Ronan lehnten sich an das Geländer. Ronan bot Yassir eine Zigarette an, die er annahm, obwohl er schon seit Jahren nicht mehr rauchte. Ronan legte seine Schachtel Streichhölzer zwischen sich und Yassir. Sie trug das Bild eines Krokodils, mit weit aufgerissenem Maul, den Schwanz in einem Bogen in die Luft gereckt. Yassir hatte vergessen, wie angenehm es war, ein Streichholz anzureißen, graue Asche wegzuschnipsen. Das war eines der Dinge, die Emma und er gemeinsam getan hatten – das Rauchen aufgeben.

»Weit weg von Aberdeen, oder besser, Aberdeen weit weg von hier«, sagte Ronan.

»Waren Sie schon mal dort?«

»Ich kenne die Stadt sehr gut. Meine Mutter stammte aus Elgin. Die Leute können recht engstirnig sein dort oben, finden Sie nicht?«

Yassir stellte sich im Geist Fragen, aus Gewohnheit, doch bald verwarf er sie wieder, als fehle das Brennmaterial, sie weiter zu nähren. Was tat dieser Mann hier, an einem Ort, an dem es sogar nachts noch heiß war und der Alkohol verboten? Wo es nur wenig Komfort gab und kaum materiellen Gewinn. Der Maler saß auf seinem Dach und weckte, genau wie die erhabenen Pickel im Gesicht jenes Mädchens, in Yassir weder Hohn noch Spott, sondern schlicht Verwunderung.

»Wenn Sie dort rüberschauen«, sagte Ronan, »erkennen Sie den Flughafen – dort, bei den roten und blauen Lichtern. Ich kann die Flugzeuge manchmal kreisen und landen sehen. Wenn sie starten, brausen sie direkt über mich hinweg. Ich kann die dicken Bäuche voller Leute erkennen, kann sehen, wie sie davonfliegen.«

»Letzten August hatten wir derart viel Regen, dass das ganze Gebiet hier unter Wasser stand – wir konnten nicht mal bis an die Hauptstraße fahren. Der Nil hatte Hochwasser, das konnte ich durch mein Fernglas sogar beobachten, obwohl er so weit weg ist.«

»Seit wann leben Sie hier?«, fragte Yassir.

»Seit fünfzehn Jahren.«

»Eine lange Zeit.«

Riesige weiße Wolkenwedel waren wie mit Pinselstrichen über den Himmel verteilt, als sei auch der Rauch ihrer Zigaretten aufgestiegen, um dort zu verweilen. Sterne waren zu erkennen, zwischen tiefblauen Fetzen des Nachthimmels. Hier oben auf dem Dach sprach Yassir nach zwei Wochen erstmals wieder Emmas Muttersprache und vermisste plötzlich seine Frau, nicht mit jener Unbeschwertheit, die ihm von den Bohrtürmen her vertraut war, sondern mit einem anderen Gefühl, eindringlich und unwillkommen: im unangenehmen Bewusstsein der Distanz, die zwischen ihnen bestand. Ihm war nun klar, warum er sich gewünscht hatte, dass sie ihn begleitet: nicht, um zu »sehen«, sondern um von Afrika berührt, verblüfft, auf unumstößliche Weise bewegt zu werden.

Manaal warf die Schlüssel zu ihnen hoch, Ronan schloss sein Arbeitszimmer auf und machte Licht. Eine einsame

Glühbirne baumelte an der Decke, übersät mit den reglosen Körpern schwarzer Insekten. Der Raum roch nach Farbe, in einer Ecke stand ein großer Ventilator. Wohl wissend, wie wenig er wusste, schwieg Yassir, während Ronan, die Zigarette zwischen den Lippen, ihm ein Bild nach dem anderen zeigte. »Sie gefallen mir«, sagte er und war aufrichtig; durch die hellen Farben entstand der Eindruck von Sonnenlicht. Meist waren es Darstellungen des Dorflebens, Lehmhütten; ein Bild zeigte Kinder beim Spielen mit Ziegen, ein anderes einen Baum, der in einen Fluss gestürzt war.

»Papier ist mein größtes Problem«, sagte Ronan. »Pinsel und Farben reichen für eine Weile. Aber wenn ich weiß, dass Bekannte verreisen, bitte ich sie immer, mir Papier mitzubringen.«

»Brauchen Sie besonderes Papier?«

»Ja, dickeres für Aquarellfarben.«

»Mir gefällt das mit dem Esel vor der Lehmhütte«, sagte Yassir.

»Das Hilton scheint Lehmhütten nicht zu mögen.«

»Hat man Ihnen das gesagt?«

»Nein, aber ich habe so das Gefühl.«

»Also verkaufen Sie sie mir billiger.«

»Mal sehen, was sich machen lässt... Wie viele wollten Sie denn?«

Yassir suchte sich drei aus, eines davon war das mit den Kindern und der Ziege, weil er dachte, es könnte Samia gefallen. Er bezahlte, nachdem der Preis ausgehandelt war.

Zurück im Haus waren die Vögel in ihrem Käfig eingeschlafen, das Eis im Krug mit *Kerkadeh* hatte sich aufgelöst.

Manaal erwartete Yassir am Tor. Von nebenan hatte sie eine Hand voll Datteln mitgebracht, die sie Ronan und Yassir anbot. Sie waren trocken und unangenehm hart, bevor sich ihre weiche Süße erschloss. Es war Zeit für den Heimweg. Yassir gab Ronan zum Abschied die Hand. Der Besuch war ein Erfolg gewesen; Yassir hatte gefunden, wonach er gesucht hatte.

Während der Rückfahrt schlief Manaal. Yassir fuhr jetzt durch Straßen, die belebter waren als die, durch die er am Nachmittag hergefunden hatte. Heute war sein letzter Tag in Khartoum. Morgen Abend würde er in einem Flugzeug nach Paris sitzen, würde von dort aus weiterfliegen nach Glasgow und käme schließlich mit dem Zug in Aberdeen an. Falls Ronan K. morgen Abend auf seinem Dach arbeitete, würde er die Maschine der Air France sehen können, die sich über die Dächer von El-Ma'moura erhob.

Die Stadt nahm Yassirs Abreise zur Kenntnis, verstand, dass er einen Abschied brauchte. Autoscheinwerfer zuckten durch die schlecht beleuchteten Straßen, durch die dünne Menschen in Weiß schwebten wie Wolken. Stimmen, rumpelnde Lastkraftwagen, die, mit oder ohne Anhänger, schief auf der Straße hingen, Abgase ausstießen. Über die Kreuzung mit einer belebteren Straße fuhr ein Kleinbus, transportierte eine Hochzeitsgesellschaft. Die Innenbeleuchtung war eingeschaltet, oranges Licht fing die Gesichter der Singenden ein, die klatschenden Hände. Freudengeheul, ein Trommelrhythmus, Wortfetzen. Yassir fuhr weiter und sammelte um sich, was er nicht würde hergeben können. Nicht Perlen oder Gemälde, sondern andere Dinge, die kein Empfinden besaßen für ihren eigenen Wert. Manaals Silhouette vor der Flamme des Bohrturms, vor einem Himmel, der an *Kerkadeh* erinnerte, malvenfarben. Der Duft nach Seife und Schampon in seinem Wagen, ein Mann, der seine Fußnägel pflegte, Zeitungspapier als Gebetsteppich. Eine Stimme, die sagte, ich kann nachts die Flugzeuge kreisen sehen, ich sehe ihre Lichter ... all die Menschen auf Reisen. Manaal, die ihm sagte, du hättest es ihr leichter machen, schonender beibringen können.

Besuch

Die Schlange reichte bereits bis ans Tor, als Amina eintraf. Patienten und Eltern saßen am Boden, warteten auf sie und ihre beiden Kollegen. Es war Dienstag, der Tag, an dem die Patienten im Heim in Cheshire ambulant behandelt wurden. Alle Patienten waren Kinder; manche lebten hier im Heim, doch die meisten hatten den weiten Weg durch Khartoum hierher gemacht.

Amina parkte ihren Wagen nahe am Tor unter dem Schild, auf dem Cheshire-Heim auf Arabisch und Englisch geschrieben stand. Es war Januar, und Amina spürte den angenehm kühlen Wind, der jetzt wehte; die Sonne setzte ihre gnadenlosen Angriffe nur selten aus. Amina, von plumper Statur, trug eine schwarze Strickjacke, in der sie schlanker wirkte. Alles an ihr schien gewaltig und gesund, ihre Nase, ihr Mund, ihre Art zu sprechen, und sie war jung, noch in der Ausbildung zur Orthopädin. Der Dienstag war ihr von allen Wochentagen der liebste, denn die Arbeit hier im Heim war ein leichtes Los verglichen mit der zermürbenden Zeit im Krankenhaus. Außerdem war die Fahrt ins Heim nach Cheshire ein Genuss, denn es lag in einem der elegantesten Viertel der Stadt. Alle Häuser dort waren während der Kolonialzeit gebaut worden, für die Dozenten der neuen Universität: geräumige Bungalows in weitläufigen Grünanlagen. Kieselsteine markierten die geschwungenen Zufahrtswege, dichte Hecken grenzten die Gebäude voneinander ab.

Die Absätze ihrer Sandalen knirschten auf dem Kiesweg, als Amina an den wartenden Menschen vorbeiging. Der Wüstenwinter hatte die Haut ihrer Arme grau und rissig gemacht. Unter der unbarmherzigen Sonne war aus ihren Kleidern die letzte Farbe gewichen. Bewegung kam in die Menge, als Amina sich näherte, Erleichterung, denn das Warten würde nun bald ein Ende haben. Sie freute sich über die Wirkung ihres Auftritts, gefiel sich in ihrer Rolle. Ein hagerer alter Mann stand auf und grüßte sie, auf die Schulter seines Sohnes gestützt.

»Sie sind Hassans Vater? Ich hatte schon letzte Woche nach Ihnen gefragt, denn ich glaube, Hassan kann jetzt wieder nach Hause. Nehmen Sie ihn heute mit? Ich könnte Sie fahren, wenn Sie warten möchten, bis die Sprechstunde vorbei ist«, sagte sie schnell, ohne seine Antwort abzuwarten, hielt währenddessen die Hand seines Sohnes in ihrer eigenen. Hassan war sechs Jahre alt, ein schönes Kind mit feuchten Goldaugen und weichem, staubigem Haar. Sie war verliebt in ihn, auf jene unkomplizierte Art, in der junge Frauen, die noch keine eigenen Kinder haben, sich gelegentlich in andere Kinder verlieben.

»Hast du schon gefrühstückt, Hassan?«, fragte sie. Jedes Mal stellte sie ihm diese Frage, weil ihr seine immer gleiche Antwort gefiel.

»Alhamdulillah«, gab er lispelnd zurück. Er sagte nie: »Ja, *Alhamdulillah*«, wie andere. Das »Ja« verschluckte er und ließ sie so stets im Unklaren darüber, ob er nun gefrühstückt hatte oder nicht.

Als sie heute durchs Tor kam, fragte sie sich, wie sein Vater nur so alt und gebrechlich sein konnte.

»Sakeenah«, rief sie nach drinnen, »hast du keine Vaseline für Hassan? Sein Gesicht und seine Arme sind ganz trocken und aufgesprungen.« Sakeenah sorgte für die Kinder. Sie wohnte mit ihnen im Heim und ging nur an den Wochenenden nach Hause. Sakeenah hielt Hassan für ein besonderes Kind. Sah in ihm eine heitere Gelassenheit, die sie bei den anderen Kindern vermisste. Wenn im Radio der Koran gelesen wurde, so erzählte sie Amina, unterbrach Hassan sein Spiel und hörte aufmerksam zu. Amina sah die Sache mit mehr Zynismus und erklärte Hassans Charme mit der Tatsache, dass er nicht in der Lage war, die Tragweite seiner Behinderung zu erfassen. Dazu war er noch zu jung. Anders als die Kinder, die mit ihrem Schicksal haderten und litten, weil sie bereits begriffen hatten, dass sie später nicht Busfahrer werden könnten und dass niemand sie zur Frau nehmen würde.

Zwischendurch tranken die Ärzte Tee und führten zwanglose Gespräche. »Bald werden Sie Ihren Tee nicht mehr mit so viel Zucker trinken, Dr. Musa, der wird bald rationiert und nur noch auf Coupons zu haben sein«, witzelte Amina, als der Arzt einen dritten Löffel Zucker in seine kleine Tasse Tee gab.

»Drei ist doch nicht viel«, entgegnete er kopfschüttelnd und ließ Zigarettenasche auf den Linoleumboden fallen. »Außerdem sind die neuen Verordnungen lächerlich, man wird sehr bald einsehen, dass sie sich nicht umsetzen lassen, und wird sie rückgängig machen.«

»Diesmal, denke ich, ist es der Regierung ernst«, meinte Dr. Fareed. »Es ist nicht genug Geld da, um Zucker für das ganze Land zu importieren. Außerhalb der Stadt könnte es zwar schwierig werden, den Verbrauch zu rationieren, aber in Khartoum selbst nicht.«

Dr. Musa blieb keine Zeit für Widerspruch, denn Hassan und sein Vater kamen herein, und die drei Ärzte untersuchten das kranke linke Bein des Jungen. Es war von der Hüfte ab steif, eine Folge der Kinderlähmung, an der er im Alter von zwei Jahren erkrankt war. Alle drei Ärzte waren sich einig: Die neue Gehhilfe passte, und Hassan musste nicht länger im Heim bleiben.

Amina fuhr Hassan und seinen Vater nach Hause, sie saßen beide auf dem Rücksitz. Sie wohnten in einer Siedlung aus Lehmhütten am Stadtrand. Amina musste die neue Brücke überqueren, rechts auf eine gut ausgebaute Asphaltstraße abbiegen, auf der Lastwagen aus den umliegenden Dörfern in Richtung Hauptstadt an ihr vorbeidonnerten. An den Ufern des Nils reihte sich Villa an Villa, jede mit einem großen Garten. In einer von ihnen wohnte eine ehemalige Schulfreundin Aminas. Komplett ausgestattet mit Pool und Eukalyptusblättern auf der Wasseroberfläche.

Hassan wohnte in der entgegengesetzten Richtung. Amina musste die Asphaltstraße verlassen und auf Sandpisten weiterfahren. Sofort unterbrachen die Kinder ihr Spiel und starrten das herankommende Auto an. Kinder jeden Alters. Mädchen in zerschlissenen Kleidern, die ihnen von den Schultern rutschten, Jungen in ausgeblichenen

T-Shirts, die knapp über dem Bauchnabel endeten. Sie ließen ihr Spielzeug liegen – Blechbüchsen, die sie mit einem Stock durch die Gegend gerollt, alte Autoreifen, die sie mit der Hand vor sich her getrieben hatten – und drängelten sich um den Wagen, der nun vor Hassans Haus hielt.

»Kommen Sie doch herein, Frau Doktor, seien Sie willkommen, bitte, treten Sie näher!«, drängte der Vater, während er sich bemühte, die verriegelte Wagentür zu öffnen.

»Heute nicht, Hadsch, vielen Dank, heute hab ich keine Zeit«, sagte Amina und wandte sich in ihrem Sitz rückwärts, um die Tür zu entriegeln. »Ich komme ein andermal, *Inschallah*, wenn ich mehr Zeit habe.«

»Wann? Wann kommen Sie? Am Freitag?«

»Das weiß ich noch nicht, aber im Laufe der nächsten Woche, *Inschallah*. Wiedersehen, Hassan!« Und obwohl der alte Mann die Autotür nicht richtig geschlossen hatte, fuhr sie schon wieder davon, zog eine Staubwolke hinter sich her.

Amina hielt ihr Versprechen, kam in der Woche darauf zu Besuch, beladen mit Geschenken für Hassan und den Rest der Familie. Sie schenkte Kleider, da sie wusste, wie dringend die Familie sie brauchte, und gab Hassans Mutter, einer plötzlichen Eingebung folgend, die Hälfte eines Monatslohns. Amina hatte das Lehmhaus ohne viel Mühe gefunden, betrat zunächst einen kleinen Hof, auch hier Sandboden wie draußen. Ein tropfender Wasserhahn, einen Fuß breit über dem Boden, ein *Zeer*, die Mauern des nahen Hauses von einem dunklen Rotbraun, mit Tupfen aus gelbem

Stroh. Amina musste sich bücken, um ins Haus zu gelangen. Es war unverkennbar, wem Hassan sein gutes Aussehen verdankte. Seine Mutter Zeinab war schlank und hoch gewachsen. Sie hatte zarte Haut und jugendlich runde Gesichtszüge. Sie stillte, auf ihrem Arm an sie geklammert, Kind Nummer fünf, ein Mädchen. Das Kind war drei Jahre alt, sah jedoch älter aus. Sein widerspenstiges Haar stand in alle Richtungen vom Kopf ab, kräftig und rau, wie ein Filter für das weiche Sonnenlicht, das in den Raum fiel.

»Wenn ich gewusst hätte, dass Sie kommen, hätte ich die Kinder gebadet.« Zeinab war aufgeregt, lief nervös durchs Zimmer und scheuchte die Kinder nach draußen. Sie strich das Laken auf dem Bett glatt, auf dem Amina Platz nahm, sichtlich erleichtert, dass es sauber war. Die prallen Plastiktüten, die Amina achtlos neben sich aufs Bett fallen ließ, lagen verheißungsvoll da, doch jetzt war nicht die Zeit, an sie zu denken. Hastig, verstohlen, um Amina nicht Gelegenheit zu geben, höflich abzulehnen, steckte Zeinab ihrer Ältesten etwas Geld zu, damit sie dem Gast am Erfrischungsstand, eine halbe Meile entfernt, ein Getränk kaufen konnte. Das Zimmer, in dem Amina nun saß, war der einzige Raum des Hauses. Dunkel, mit niedriger Decke; der Blick aus dem einzigen kleinen Fenster ließ, eine Armlänge entfernt, ein ähnliches Haus erkennen. Drei Betten standen im Zimmer, an drei Wände gerückt, und in einer Ecke, scheinbar deplatziert, eine Glasvitrine, in der Zeinab sorgsam Gläser, Teller und kleine Tabletts aufbewahrte.

Als ihre Tochter mit der Flasche Pepsi zurückkehrte, stellte Zeinab einen niedrigen Metalltisch vor Amina. Aus der Vitrine nahm sie einen Untersetzer und ein sauberes Glas. Sie schob die Kinder zur Seite, die sich im Türrahmen drängelten, und bückte sich, um das Glas unter dem Wasserhahn nochmals abzuspülen. Während sie noch immer ihr Kind auf dem Arm hielt, stellte sie Untersetzer, Glas und Flasche vor Amina auf den Tisch. Er geriet ins Wanken. Die kühle Flasche, von der Eiswasser perlte, zog die Kinder in ihren Bann.

Die Nachricht von der Besucherin hatte sich unter den Nachbarn schnell herumgesprochen, und bald tummelten sich zahlreiche neugierige Frauen in Zeinabs Haus. Amina stand gerne im Mittelpunkt und war schnell in ihrem Element, sprach über die Zuckerknappheit, stellte Rezepte aus, untersuchte Kinder. Zur Unterhaltung der Frauen hielt sie einen Vortrag über die Vorteile der Spirale als Verhütungsmittel. Für manche verfasste sie Briefe an Verwandte in den umliegenden Dörfern. Sie diktierten ihr Worte, sie schrieb sie auf linierte Blätter, die sie aus ihrer Handtasche fischte. Die meisten Menschen hier, Hassans Familie eingeschlossen, hatten zum jüngsten Anstieg der Zahl der Migranten aus dem ländlichen Raum beigetragen und waren noch in ihren Dörfern verwurzelt. Als sich Amina schließlich erhob, um zu gehen, sagte Zeinab, sie käme Amina eines Tages besuchen und drängte sie, ihr den Weg zu ihrem Haus aufzuzeichnen.

Wochen später, das jüngste Kind auf dem Arm und Hassan humpelnd im Schlepptau, machte Zeinab tatsächlich ihren Gegenbesuch. Amina hatte sie völlig vergessen und war entsprechend verwundert. Erschrocken gar, denn sie hatte nicht wirklich mit ihnen gerechnet. Sie wich den fragenden Augen ihres Vaters aus und bat den Besuch, draußen auf der Veranda Platz zu nehmen. Ein Blick auf ihre Armbanduhr sagte ihr, dass ihr Verlobter und seine Mutter schon in einer halben Stunde hier sein würden. Wenn sie Zeinab zu Gesicht bekämen, so armselig wie sie aussah, würden sie viele Fragen stellen, auf die Amina nicht antworten mochte.

Vielleicht sind sie hier, um zu betteln, dachte Amina in einem Anflug von Zynismus. Einmal war sie freundlich zu ihnen gewesen, und das wollten sie nun ausnutzen. Selbstgerechte Wut stieg in ihr hoch, der sie sich überließ.

Eigentlich machten die drei nicht den Eindruck, als wollten sie betteln. Zeinab hatte ihre Füße in ein Paar Sandalen gezwängt, die augenscheinlich nicht ihr gehörten; sie waren zu eng, von einer Nachbarin oder Freundin geborgt. Jeden Schuh zierte eine pinkfarbene Plastikblüte, grell und aufdringlich, jetzt sandverkrustet. Und wie süß Hassan aussah in den neuen Sachen, die sie ihm gekauft hatte! Er war frisch gebadet, sein Haar streng zurückgekämmt; es lag am Kopf an und wirkte beinahe glatt. Er hatte offensichtlich abgenommen. »Im Heim bekommen sie wenigstens gut zu essen«, dachte Amina. »Mehr als zu Hause jedenfalls.« Hassan erklärte ihr, dass er nicht zusammen mit seinen Geschwistern zur Schule ging, weil unterwegs ein Graben war, den er nicht überspringen konnte. Doch Amina hörte ihm nicht zu.

»Ich hole ihnen drinnen was zu trinken und biete ihnen dann schnell an, sie heimzufahren«, beschloss sie. Der Besuch passte ihr nicht. Amina wollte diese Leute auf Distanz halten, passiv sollten sie sein. Sie wollte sie nach Lust und Laune besuchen. Sie allein wollte bestimmen, welchen Verlauf die Bekanntschaft nahm. Hier wollte sie sie jedenfalls nicht, steif und förmlich, fehl am Platz in Aminas Welt.

»Nehmen Sie den Eimer mit rein«, sagte Zeinab, als Amina sich erhob. »Was drin ist, ist für Sie. Leeren Sie ihn aus und bringen Sie ihn mir wieder.« Sie hob den Eimer hoch, der neben ihr stand, ein blauer Plastikeimer mit weißem Deckel, und reichte ihn Amina.

»Danke, Zeinab, das wäre doch nicht nötig gewesen«, sagte Amina, und unterdrückte mit Mühe den Zorn, der nun in ihr aufstieg. Also wollte Zeinab Freundschaft, brachte ein Geschenk als Gegenleistung für Aminas Geschenk vor wenigen Wochen? Notgedrungen trug Amina den Eimer ins Haus und wünschte, sie hätte diese Familie nie besucht. Was konnte schon drin sein in diesem Eimer? Vor Öl triefendes Gebäck höchstwahrscheinlich, zubereitet an einem Ort, der unhygienischer nicht sein konnte. Sie schüttelte sich angewidert und beschloss, es wegzuwerfen. Das wäre zwar Verschwendung, doch sie war sicher, dass niemand in ihrer Familie das Gebäck auch nur anrühren würde. Und obwohl die Zeit drängte, musste der Eimer ja noch gespült werden, bevor sie ihn Zeinab zurückgab. Amina seufzte auf dem Weg in die Küche, öffnete den Kühlschrank und nahm zwei Flaschen Pepsi heraus.

Auf dem Küchentisch stellte sie den Eimer ab, hob den Deckel hoch und schaute hinein. Statt des von Amina so gefürchteten Gebäcks enthielt er pfundweise jenes seltene weiße Pulver, nach dem sich jeder Haushalt in Khartoum die Finger leckte: Zucker.

Vogel Strauß

»Du siehst aus, als kämst du aus der Dritten Welt«, sagte er, und ich fühlte mich getroffen, senkte den Blick, damit er meine Augen nicht sah. Anders als er es erwartet hatte, erwiderte ich sein spöttisches Lächeln nicht, fragte nicht: »Und woher kommst *du?*« Ich erlaubte ihm, zur Begrüßung den Arm um mich zu legen und überließ ihm den Gepäckwagen mit meinen Koffern.

Er muss mich zuerst erkannt haben, dachte ich, während ich noch nach seinem Gesicht Ausschau hielt unter den Wartenden in der Ankunftshalle, muss er mich die ganze Zeit beobachtet haben. Und plötzlich wurde ich verlegen, schämte mich, nicht nur für mich selbst, sondern für alle meine Mitreisenden. Unser schäbiges Gepäck, unser Gestammel vor dem Beamten der Einwanderungsbehörde, die Kleidung, die wir trugen, wenige Stunden zuvor noch die natürlichste Sache der Welt, war jetzt zerknautscht und wirkte unpassend.

Und so erwähnte ich das Baby mit keinem Wort. Obwohl ich mir vorgenommen hatte, ihm direkt am Flughafen davon zu erzählen, gleich nach meiner Ankunft. Ich gestand ihm auch nicht, dass ich manchmal am liebsten gar nicht nach London zurückkommen würde, dass ich das Gefühl hatte, das wahre Leben sei in Khartoum, während ich London eher wie im Schlaf erlebte.

Ich durfte nicht vergessen, mit ihm Schritt zu halten, statt hinter ihm her zu schlendern. Ich ließ meine Mitreisenden nur ungern zurück. Vor wenigen Stunden noch waren wir ein gemeinsames Ganzes gewesen, selbstgefällig und laut am Flughafen von Khartoum, die wenigen Glücklichen, denen die Reise gen Norden vergönnt war. Im Flugzeug aßen wir das gleiche Essen, hatten ein gemeinsames Reiseziel und nahmen einander durch Kopfnicken und angedeutetes Lächeln zur Kenntnis. Nun sollten wir uns trennen, geblendet vom grellen Licht in der Ankunftshalle, in Ehrfurcht erstarrt beim Anblick der Plüschteppichböden, zurechtgewiesen von perfekten Lautsprecherdurchsagen, die in schneller Folge auf uns einprasselten und deren Worte wir zwar verstanden, deren Sinn uns jedoch verborgen blieb. Wir traten aus dem Vakuum der Wartehalle, das alle Geräusche aufsog, zerstreuten uns in alle Winde der wolkenverhangenen Stadt und vergaßen schnell, mit wie viel Stolz wir unsere Flugtickets gekauft und unser Zuhause verlassen hatten. Er mag es nicht, wenn ich mit ein paar Schritten Abstand hinter ihm hergehe, was sollen die Leute denken, sagt er, dass wir rückständig sind, Barbaren? Über die Araberinnen in ihren schwarzen *Abayas*, die hinter ihren Männern hergehen, lächelt er höhnisch. Unterdrückt, das würden die Leute denken. Hier respektiert man die Frauen, behandelt sie gleichberechtigt; so müssen wir auch sein, sagt er. Also muss ich darauf achten, mit ihm Schritt zu halten und muss seinen schweren Arm auf meiner Schulter ertragen, auch eine jener Gesten, die er zu imitieren beschlossen hat, um zu beweisen, dass auch Araber und Afrikaner wie wir modern und fortschrittlich sein können.

Vor der Ankunftshalle warteten wir auf den Flughafenbus. Nur zwei Monate weg von hier und schon hatte ich vergessen, wie nass dieses Land sein konnte. Schon lugten meine lackierten Zehen aus den durchweichten Sandalen, lächerlich. Er sah gut aus, erzählte, dass er mit seinen Recherchen vorankam, dass er in Bath gewesen war, wo sein Doktorvater einen Vortrag gehalten hatte. »Am Ende der ersten Seite hat er mich erwähnt«, sagte er, »die Computersimulation war nämlich von mir. Kursiv geschrieben, der Autor dankt Majdy El-Shaykh und so weiter.«

Eines Tages wird Majdy seine eigenen Vorträge schreiben, wird seine Dissertation vorlegen und den »Dr.« vor dem Namen tragen. Seine anfänglichen Zweifel, seine Versagensängste verfliegen. Ich sollte stolz sein. Eines Tages wäre ich es wohl auch, dachte ich, doch im Moment fühlte ich mich müde und unaufrichtig. Ich wollte mit aller Gewalt spüren, wie sich das Kind in mir rührte, doch da war nichts als Stille.

»Die Leute sind eifersüchtig auf dich, Sumra«, sagte meine Mutter, »man beneidet dich, weil du im Ausland lebst, wo alles so viel bequemer ist als hier. Beklag dich nicht, sei nicht undankbar.« Doch wenn sie sah, wie grimmig ich dreinschaute, wurde sie warmherziger und meinte: »Wenn das Baby erst mal da ist, wird vieles leichter für dich. Dann bist du Tag und Nacht beschäftigt und wirst für Heimweh keine Zeit mehr haben.« Dennoch hatte ich das Gefühl, ich könnte um keinen Preis zurückgehen, wollte einfach wieder mein altes Leben leben, Monat um Monat, und er würde mich mit der Zeit vergessen, mir irgendwann die Scheidungspapiere schicken, eine Art Epilog, vielleicht wieder heiraten. Eine Engländerin würde er heiraten, mit gelbblondem Haar und blauen Augen. Ich überrasche ihn manchmal dabei, wie er darüber grübelt, hätte er nur ein bisschen länger gewartet, sich nicht so überstürzt für eine Ehe entschieden, dann könnte er jetzt eine der Frauen heiraten, die er im Fernsehen so bewunderte. Wir hatten geheiratet, damit er später keine Ausländerin mit heimbrachte, wie so viele Studenten aus seiner Heimat vor ihm, oder schlimmer noch, damit er nicht heiratete und gar nicht mehr nach Hause käme. Wer will schon in den Sudan zurück, wenn er einmal das süße Leben im Westen genossen hat? Mit einer Sudanesin als Frau würde er sicher zurückkommen. Das sagte mir seine Familie jedenfalls damals, halb im Spaß, halb im Ernst. Und so wurde ich mit Geschenken überhäuft, mit einer großen Hochzeit geehrt, mit einem gut aussehenden, gebildeten Ehemann und der Chance, im Ausland zu leben. Kein Grund abzulehnen. Vielleicht lässt sich ja das Schicksal nicht erzwingen; vielleicht bin ich nicht stark genug, ihn an seine Wurzeln zu binden.

Wenn ich eine Möglichkeit fände, für immer hier zu bleiben, sagt er, wenn ich bloß eine Arbeitserlaubnis kriegen könnte. Ich kann mir nicht vorstellen, wieder zurückzugehen, zurück zu den Benzinschlangen, zu Computern ohne Strom, zu Druckern ohne Papier. Begriffsstutzige Studenten unterrichten, die nie im Leben einen Taschenrechner in der Hand hatten. Und ein Gehalt, ein Monatsgehalt, niedriger als die Unterstützung, die ein Arbeitsloser hier in einer Woche kriegt! Du kannst ja nachrechnen, wenn du mir nicht glaubst.

Auf alle meine Einwände hatte er eine Antwort. Moral. Wer redet denn von Moral, wenn unsere Politiker korrupt sind, wenn wir Waffen kaufen und einen Bürgerkrieg schüren, statt den Menschen zu essen zu geben? Und mit Rassismus brauchst du mir gar nicht erst zu kommen. Wir sind größere Rassisten als die Briten, wie haben wir aus dem Norden denn die Südsudanesen immer behandelt?

Endlich kam der Bus, und wir stiegen hinauf ins obere Stockwerk, während Heathrows grüne Landschaft an uns vorüberzog. In Khartoum haben grüne Blätter ein anderes Grün, schärfer, trockner, arrogant in der Wüstenhitze. Ich kenne diesen Bus, ich kenne diese Strecke: Sie ist mir so vertraut wie Filme, die man mehrmals sieht. Zwei Jahre London, und nun bin ich nach nur zwei Monaten Khartoum wieder hier und habe das Gefühl, von vorne anzufangen. Zwei Jahre, ausgelöscht durch zwei Monate, und ich bin wieder eine Fremde.

»Hast du auf dem Flug Bekannte getroffen?«, wollte Majdy wissen. Die Leute reisen viel, von und nach Khartoum, eine Kleinstadt mit vielen vertrauten Gesichtern. Ich log und sagte nein. Ich log und verschwieg, dass ich zu Anfang meiner Reise, von Khartoum nach Kairo, Vogel Strauß getroffen hatte.

Ich konnte mich nie dazu durchringen, mir seinen richtigen Namen zu merken. Für mich war er Vogel Strauß, und vielleicht redete ich ihn auch so an, doch ob und wie er darauf reagiert hat, weiß ich nicht mehr. Wahrscheinlich aber nannte ich ihn nur vor meinen Freundinnen so und war enttäuscht, dass sie die Bezeichnung nicht übernahmen.

Er sah tatsächlich aus wie ein Strauß, mit seinem dünnen, lang gestreckten Hals und langen Armen, die an ihm baumelten. Er ging vornüber gebeugt, mit hoch gezogenen Brauen und ausgreifendem, staksigen Schritt. Er hatte helles Haar, das ihm im Afrolook vom Kopf abstand, bei jedem Schritt wippte, am Hinterkopf aber in einer platten Matte anlag, die den Eindruck erweckte, er sei zu faul, seinen Kamm dorthin zu bemühen. In unserem zweiten Jahr an der Uni stieß er zu uns, nachdem wir uns schon in Gruppen zusammengefunden und jedem ein Etikett verpasst hatten. Er hätte schon im vierten Jahr sein sollen, hatte aber zwei Jahre verloren, weil er von einem Raser überfahren worden war. Sein Körper wurde, abgesehen von seinen Augen, wieder gesund. Seine Augen trugen dauerhafte Verletzungen davon, blieben groß, trüb und unstet. Sie versetzten ihn in eine Welt, die er allein bewohnte, in der alles verschwommen war und in der die Leute ihn so undeutlich sahen wie er sie.

»Dein Gepäck war so schwer«, sagte Majdy, »musstest du für das Übergepäck zahlen?«

»Nein … Ich hab dir Grapefruit mitgebracht und den Käse, den du so gerne isst.«

»Aus dem Land, in dem Menschen hungern, bringst du mir Essen mit.« Wieder dieser spöttische Ton, doch ich wusste, dass er sich freute. Solche Dinge vermisste er insgeheim.

»Ganz so schlimm, wie sie's hier im Fernsehen darstellen, ist es nicht, jedenfalls nicht in Khartoum. Normaler Alltag denke ich, Hochzeiten, Beerdigungen, aber die Wirtschaftskrise ist spürbar. So teuer alles ... und alle wollen weg. Jede Familie, bei der ich zu Besuch war, hat mindestens einen Verwandten, der im Ausland lebt. Am Golf, in Ägypten, in Amerika. Erinnerst du dich an deine Nachbarn, Ali und Samir?«

»Die mit dem weißen Mercedes.«

»Ob nun Mercedes oder nicht, auch sie sind inzwischen weg von Zuhause. Ali lebt in Bahrain und Samir in Norwegen. Norwegen, stell dir vor, und ihre Schwester und deren Mann mitten im Papierkrieg, um nach Australien auszuwandern.« Ich lachte. Wie in einem wahnsinnigen Wettlauf wanderten Fachkräfte ab.

»Das sag ich dir doch die ganze Zeit. Zu Hause haben wir keine Zukunft, und wenn sogar Leute, denen es besser ging als uns, nicht mehr zurande kommen, wie sollen wir es dann je packen, falls wir zurückgehen? Ich tue genau das Richtige, halte hier aus, so gut ich kann.«

Vogel Strauß hatte einen Bruder, der arbeitete am Golf. Er schickte ihm eine Uhr, die einen Piepston von sich gab. Ich weiß noch, wie dicht er sie sich vor die Nase hielt, das Gesicht leicht geneigt, um die Zeit abzulesen. Eine solche Uhr war für die meisten von uns neu, die erste Digitaluhr, die wir je zu Gesicht bekommen hatten. Am Ende der Vorlesung also der Signalton, um den Dozenten daran zu erinnern, dass die Stunde zu Ende war. Damals kicherten wir dann, wir Mädchen in der ersten Reihe. Wir saßen immer in den ersten Reihen, reservierten die vordersten Plätze, verteilten im Voraus nicht nur unsere, sondern auch andere Hefte noch auf den Tischen, um für unsere Freundinnen Plätze zu reservieren. Hunderte von uns saßen in einem Seminar, auf harten Holzbänken. Taube Hinterteile, Arm an Arm, Knie an Knie. Und dann die Mädchen, die zu spät kamen, ihre Schritte hallten laut durch den ruhigen Raum, ein paar Stufen hinauf, dann zwängten sie sich auf eine der Bänke zwischen ihre Freundinnen. Vogel Strauß lief immer zu spät ein und setzte sich in die letzte Reihe, wo die Tafel verschwamm und er sich keine Notizen machen konnte, sich Bleistifte ins Haar steckte, in die Ohren, die Nase, und auf den Piepston seiner Uhr wartete. Wir kamen nie auf die Idee, ihm einen Platz in den vorderen Reihen anzubieten.

Er gab einem nicht das Gefühl jener befangenen Betroffenheit, die man Behinderten entgegenbrachte. Wir rissen uns kein Bein aus, um ihm zu helfen, und ich weiß noch, wie er mir einmal sagte, dass mir Blau gut steht, und ich ihn lachend fragte, wie er das denn erkennen könne, und dass er einem Esel bei passender Gelegenheit wohl dasselbe sagen würde. Ich war gemein zu ihm. Manchmal sah ich ihm in die Augen und fand sie schön, bernsteinfarben und geheimnisvoll wie die eines Säuglings. Einladend wie schwirrende Honignester. Manchmal wurde mir übel, wenn ich sah, wie trüb sie waren; die Augenwimpern schlafverkrustet.

Ich hatte vergessen, wie klein die Wohnung war, wie dünn die Wände. Studentenwohnheim. Die Sauberkeit kommt überraschend, pikobello, dieses staub- und insektenfreie Land. Überall Teppich und alles kompakt, wie Schachteln in Schachteln, die Häuser zusammengedrängt, ineinander verkrochen. September, und schon ist es Winter, schon ist es kalt. Das Fenster. Wie viele Stunden habe ich damit verbracht, aus diesem Fenster zu schauen? Zwei Jahre lang starrte ich nach draußen, sah Fremde, war unfähig, Geschichten über sie zu erfinden, nicht in der Lage zu sagen, wer von ihnen reich war, wer arm, wer Rohre reparierte und wer Kranke heilte. Und manchmal gar (was mich besonders beunruhigte) unfähig, Männer von Frauen zu unterscheiden. Fremde, die ich zu respektieren hatte, Fremde, die besser waren als ich. Sagt Majdy. Jeder Einzelne von ihnen ist besser als wir. Schau dir den Mann von der Müllabfuhr an, der ist weder geplagt von Malaria noch von Anämie, noch von Bilharziose, er kann Zeitung lesen, einen Brief schreiben, hat einen Fernseher zu Hause, und seine Kinder gehen in die Schule, lernen aus aufwändig gemachten Büchern. Und wenn sie Talent haben, intelligent sind, musisch oder naturwissenschaftlich begabt, dann wird man sie fördern, und eines Tages werden sie vielleicht berühmt. Ich sehe den Mann von der Müllabfuhr und finde es peinlich, dass er Säcke einsammelt, in denen unser Dreck steckt. Wenn ich ihm auf der Straße begegne, schaue ich weg.

Und nun, da ich wieder hier bin, erhebt sich das Zimmer, um mich zu erwürgen. Das Fenster will meine Aufmerksamkeit, winkt mich zu sich, und draußen ist es schon dunkel. Es war falsch, wieder hierher zu kommen. Alles Lachen, alle Zuversicht sind dahin. Was soll ich hier? Eine Fremde, plötzlich auf die Bühne gestoßen, ohne eine Rolle zu haben, ohne einen Text, den ich aufsagen könnte. Majdy macht mich auf das Graffity aufmerksam. Schau, »Schwarze Schweine« an der Moscheemauer, »Pakis raus« an der Tür des Zeitungskiosks. Weißt du, was das heißt, von wem das kommt? In mir wächst eine neue Angst, Angst, nicht zu wissen, nie herauszufinden, wer diese Feinde sind. Wie sollte ich die erkennen, für die ich so unübersehbar bin? Die Frau, die mir Briefmarken verkauft (sie ist alt, ich muss ihr Alter achten), die Bibliothekarin, die meinen Namen nicht buchstabieren konnte, während die Warteschlange hinter mir wuchs (ihre Bücher werde ich kostenlos lesen), oder der Busfahrer, den ich verärgerte, weil ich das Fahrgeld nicht passend hatte (mein Fehler, ich muss den Hinweis an der Tür beachten). Wer von ihnen heißt sie gut, die Parolen an der Wand?

Doch es gibt andere, Majdys neue Freunde. Soundso ist in Ordnung, sagt er, nett. Er lädt sie zu uns ein, Männer mit freundlichen Augen, Frauen, denen mein Essen schmeckt. Doch ich muss wachsam sein, auf der Hut; es gibt Dinge, die ich in ihrer Gegenwart nicht sagen darf. Einmal erwähnte ich die Polygamie, sagte, was Allah gestattet, sollten wir nicht verdammen, und erinnerte daran, dass Majdys Vater zwei Frauen hatte. Als die Gäste gegangen waren, bekam ich Schläge und war so dumm, nicht zu begreifen, warum. Wieso, weshalb denn, fragte ich wieder und bezog noch mehr Prügel. Schlimm genug, dass du's nicht begreifst, sagte er; dann sollst du wenigstens fühlen, dass du was Falsches gesagt hast. Deine hässliche Farbe, deine dicken Lippen, dein krauses Haar können sie dir ja noch verzeihen, aber du musst wenigstens modern denken, innen so sein wie sie, wenn du's außen schon nicht sein kannst. Und was mir im Gedächtnis haften blieb, nachdem der brennende Schmerz vorbei war, nach reuevollen Liebkosungen, was haften blieb und mir einen Stich nach dem andern versetzte, waren seine Bemerkungen über mein Aussehen. Ich stand vor dem Spiegel und, möge Allah mir vergeben, ich hasste mich.

Blau steht dir gut, hatte Vogel Strauß gesagt und, wenn ich gemein zu ihm war, Stimmen kann ich doch beurteilen, oder? Ich fragte ihn nicht, was er von meiner Stimme hielt, sondern ging weg. Es muss abends gewesen sein, als ich Blau trug. *Tobes:* morgens weiße, abends bunte. Die Abendvorlesungen waren etwas Besonderes, in entspannter Atmosphäre; nach dem Mittagessen blieb Zeit zum Duschen, Zeit für einen Mittagsschlaf. Zeit, in Gruppen und paarweise aus dem Wohnheim zu gehen, vorbei an dem jungen Erdnussverkäufer, an der geschlossenen Post, an den *Neem*-Bäumen und den kaputten Bänken in ihrem Schatten. Klimpernde Ohrringe, knacksendes Kaugummi zwischen den Zähnen, *Kohl*-umrandete Augenlider. Die *Tobes* rutschten uns vom sorgsam gekämmten Haar; die Arme heben und sie wieder zurechtrücken. Den Stoff fester um sich schlingen, unter dem linken Arm festhalten. Ich vermisse diese Gesten, die ich schon hinter mir gelassen habe.

Majdy sagt: Wenn du in London ein Kopftuch trägst, denken die Leute, ich zwinge dich dazu. Niemand wird dir glauben, dass du's freiwillig tust. Also muss ich unbedeckt gehen, mir Baumwolle auf meinem Haar vorstellen, die Hand heben und einen imaginären *Tobe* zurechtzupfen.

Die Gebete zum Sonnenuntergang unterbrachen die Abendvorträge. Um seinen Atheismus unter Beweis zu stellen, ignorierte ein kommunistischer Dozent das Rascheln der Notizbücher, die unruhig scharrenden Füße, den schrillen Signalton von Vogel Strauß' Uhr. Erst als jemand laut rief: »Pause fürs Gebet!«, unterbrach er seine Vorlesung. Ich habe stets das Gras, trockne gelbe Flecken, die ausgebreiteten Matten aus Palmwedeln vor Augen. Sie rollen sich an den Rändern hoch, und wenn ich mit der Stirn den Boden berühre, kann ich das Gras darunter riechen. Jetzt in der Pause müssen wir uns beeilen, denn es scheint, als hätten auch die Vögel den *Azan* gehört und noch vor uns mit dem Gebet begonnen. Ich kann ihre Lobgesänge hören, kann sehen, wie tief sich die Äste und Zweige neigen, um sie zu empfangen, wenn sie sich pfeilschnell auf dem Baum niederlassen. Kann spüren, wie eilig sie es haben, denn sie wissen, wie schnell die Sonne sinkt, und dann wird es zu spät sein. Wir waschen uns vor dem Gebet der Reihe nach an einem Wasserhahn in einer Ecke. Vogel Strauß hockt sich davor und hält seinen Kopf ganz unter Wasser, wirft ihn dann in den Nacken, Wassertropfen kullern über sein Haar. Ich borge mir einen Becher aus der Mensa und bin stolz und auch ein wenig eitel, weil mir ein Becher Wasser genügt, um mir Hände, Gesicht, Arme und Füße zu waschen. Die Sandalen haben wir von den Füßen gestreift, haben uns aufgereiht, und der Junge aus der Mensa gesellt sich zu uns, seine zerschlissene Kleidung voller Teeflecken. Ein anderer Dozent, der auf den Palmwedelmatten keinen Platz mehr gefunden hat, breitet sein Taschentuch auf dem Gras aus. Wenn ich nicht beten würde, stünde ich barfuß auf den Kieselsteinen und würde die geraden Reihen beobachten, in den ersten die Männer, die bunten *Tobes* dahinter. Ich würde wissen, dass ich Teil dieses Einklangs wäre und keine Erlaubnis brauchte, um dazuzugehören. Hier in London beten die Vögel unauffällig, und ich bete allein. Eine gedruckte Broschüre, nicht der Muezzin, informiert mich über die Gebetszeiten. Hier in London betet Majdy nicht. Dieses Land, sagt er, meißelt dir Stück für Stück deinen Glauben weg.

Im Spülbecken stand schmutziges Geschirr, zerbrechliche Eierschalen waren wegzuwerfen, dreckige Socken am Fußboden, auf Majdys Schreibtisch Teebecher, abgenagte Apfelreste. Ich fing an aufzuräumen; er schaltete den Fernseher ein. Am Boden stapelten sich Computerausdrucke. Viele Abende vor meiner Abreise nach Khartoum saß er am Schreibtisch, während ich die Ränder von den Ausdrucken abtrennte, endlose Lochstreifen. Ich spielte mit ihnen, bog und faltete sie zu Armreifen und Ringen, wie ein Kind. Das waren die glücklichen Momente unserer Ehe, wenn die Welt draußen vergessen, er so in seine Arbeit vertieft war, dass er sudanesische Lieder vor sich hin pfiff, die wir beide vor langer Zeit kannten.

In zwei Monaten waren eine Menge Ausdrucke zusammengekommen. Nachdem ich aufgeräumt und die Koffer ausgepackt, er den Fernseher abgeschaltet und sich mit einem Becher Tee an seinem Schreibtisch niedergelassen hatte, begann mein Fest. Ein wahrer Klangrausch, das Geräusch von Papier, das von Papier gerissen wird, Löcher, die sich auf Löcher schichten, knisternd ineinander verschlungene Ketten. Jetzt konnte ich am Boden sitzen, den Papierberg vor mir, an Majdys Stuhl gelehnt, und durfte meinen Erinnerungen freien Lauf lassen. Vogel Strauß, der auf der Stoßstange eines auf dem Uni-Gelände geparkten Wagens sitzt, einige von uns umringen ihn, an die Wagenfenster gelehnt. Notizblöcke unterm Arm, jene dünnen Blöcke, deren Seiten eine Drahtspirale zusammenhält, eine Zeichnung des Unigebäudes auf dem Titelblatt. Wie war das Wetter an jenem Tag? Heiß war es, sehr heiß – jeder kann den Schweiß des anderen riechen. Oder einer jener hellen Wintertage, an denen die Sonne weniger erbarmungslos sticht und eine leichte Brise die Bäume bewegt. Staub auf dem Wagen, im Wagen; Staub auf Vogel Strauß' Haar, Staub, der uns zwischen die Zehen kriecht. Die Schatten, die der Baum wirft, tanzen um Vogel Strauß herum, schwer zu fassende Schattenflecken. Worüber redeten wir in jenen Tagen, in denen alles möglich schien und wir naiv waren, die Uni für uns bereits Ziel, nicht Mittel zum Zweck? »Irgendein Emir am Golf hat sich in England ein Pferd gekauft, für zehn Millionen Pfund. Stellt euch vor, zehn Millionen in bar. Davon hätte man ein Krankenhaus bauen können, Schulen, Straßen; mir hätte man Schuhe kaufen können, sagt Vogel Strauß und streckt seine Füße aus, die in zerrissenen Sandalen stecken, seine Zehen rau und knöchrig, Füße, die über brennende Fliesen gehen konnten ... Ein Putsch wäre prima, als Erstes würden sie die Uni schließen, oder besser noch, ein Grund für einen Streik, eine Woche vor den Prüfungen ungefähr. Die würden sie dann verschieben und wir kämen um Finanzpolitik herum ... Was hat der Mann das ganze Jahr über erzählt? Ich schwör's euch, ich hab die Prüfung vom letzten Jahr gesehen und konnte nicht mal erkennen, aus welchem Abschnitt der Vorlesung die Antworten stammten.«

Tee mit Zimt, süß, aus angeschlagenen Gläsern. Geröstete Wassermelonenkerne, Salz, das sich im Mund auflöst, die Schalen fallen um uns herum, wie Blätter von Bäumen. Vogel Strauß, ein vergessenes Stück Schale auf der Lippe, rutscht von der Stoßstange, reckt die Arme in die Luft, legt den Kopf in den Nacken und dreht sich im Kreis. In seinen Achselhöhlen Schweißflecken, seine schwachen Augen trotzen der Mittagssonne. Lachen brodelt in ihm hoch, löst die Schale des Melonenkerns von seiner Lippe. »Der Ventilator«, sagt er, lacht heftiger, beugt sich nach vorne und klatscht in die Hände, »der Ventilator im Gemeinschaftsraum kam von der Decke geschwebt. Das hättet ihr sehen sollen. Er ist durch den Raum geschwirrt wie ein Kreisel.« Wir schreien begeistert, stellen ihm Fragen, es gab keine Verletzten, kaum jemand hielt sich zu der Zeit in dem Raum auf. Er fand es witzig. Vielleicht ist das die Essenz meines Landes, das, was ich am meisten vermisse. Jene alltäglichen Wunder, die Balance zwischen Normalität und Chaos. Die Ehrfurcht und die atemberaubende Dankbarkeit für einfache Dinge. Ein Ort, an dem Menschen sagen, nur Allah ist ewig.

Ich winde gelochte Papierfäden zu Ketten; jedes Blatt hat scharfe Kanten. Grapefruitsaft, niemand kauft für sich allein ein, immer wird geteilt, ein Wettstreit um Großzügigkeit (oder um den Verfall, sagt Majdy, den Verfall eines ganzen Volkes, primitive Stammesmentalität und derart ineffizient). Pinkfarbener Grapefruitsaft, schaumbedeckt, unförmige Eisstücke, aus großen Blöcken geschlagen, Sandpartikel eingeschlossen. 'Am Ali, der Mann, der den Saft macht, muss den Deckel des Mixers festhalten. Er kann immer nur zwei Gläser Saft gleichzeitig zubereiten und gar keines, wenn der Strom ausfällt. Auberginenschnitten, das gebackene Gemüse zerstampft, mit rotem Pfeffer scharf gewürzt, dünnes Brot. Brot ist inzwischen rationiert. Ich stand dafür jeden Morgen Schlange während meiner zwei Monate in Khartoum.

Eine Begegnung mit Vogel Strauß in der Bibliothek, seine Nase buchstäblich in ein großes Buch gesteckt. Kosten-Nutzen-Rechnung war nichts für ihn, Rostows Take-Off-Theorie, Paretos Kurven. Er las lieber Lyrik in alten, verstaubten Büchern, für die sich außer ihm wohl niemand sonst interessierte. Einmal schaute er mich an, als ich an ihm vorbeiging, seine Augen aus den Höhlen getreten, vor Anstrengung beim Lesen. Er zitierte den andalusischen Dichter Ibn Zaydun aus Córdoba:

Ja, voller Sehnsucht gedachte ich deiner, in al-Zahra,
Wo der Horizont hell und das Antlitz der Erde voll
Freude,
Und der Windhauch am späten Nachmittag zart,
als erbarme er sich meiner.

Damals lächelte ich ihn an, fragte mich, ob er mein Lächeln sehen konnte, wusste, dass er das Gedicht auswendig lernte.

Vogel Strauß bohrte zur besten Sendezeit in der Nase, im Fernsehen. Die losgelöste Beute rollte er unbefangen zwischen Daumen und Zeigefinger wie ein Reiskorn. Hielt es in die Höhe, betrachtete es eingehend, mit schmalen Augen, schnipste es weg. Wir brüllten vor Lachen, um den Schwarzweißfernseher im Mädchenwohnheim geschart, saßen mit gekreuzten Beinen am Boden, auf wackligen Metallstühlen einander auf dem Schoß, die Arme glänzend vor Vaseline, Lockenwickler im Haar. Eine Quizsendung, ein Lyrikwettbewerb mit dem spektakulären Titel *Ritter in der Arena*. Ein Mitspieler zitierte eine Strophe, und sein Gegenspieler musste mit einer Strophe antworten, die mit dem letzten Buchstaben des letzten Wortes jener Strophe begann. Ein gutes Gedächtnis war also gefragt, und es kam darauf an, dem Kontrahenten Verse entgegenzuschleudern, die stets mit demselben Buchstaben begannen, damit sein Vorrat an entsprechender Munition schnell zur Neige ging.

Vogel Strauß war brillant. Er lehnte sich in seinem Stuhl zurück, die Finger in der Nase oder in den Ohren, unbeeindruckt von all den Kameras, von Hunderten von Zuschauern, und bot uns die Lyrik der Araber aus vorislamischer Zeit, ihren Stolz auf die Stärke ihres Stammes. Liebende, die über verlöschenden Lagerfeuern weinten, an denen ihre Liebsten nicht mehr saßen, die Lyrik der Sufis, geprägt vom Streben nach Selbstauflösung und Sehnsucht nach dem Allmächtigen.

Abgekapselt in seiner eigenen verschwommenen Welt war Vogel Strauß frei. Und als er die Siegprämie von fünfzig Pfund (damals eine beachtliche Summe) und einen Pokal gewonnen hatte, führte er so viele Kommilitonen wie möglich in ein Restaurant am Nil aus, in dem wir Kebab aßen und zusahen, wie der Mond sich in den Fluten unter uns spiegelte.

Es war spät, man hörte schon keine Schritte mehr draußen im Korridor, die Heizung war ausgeschaltet, und ich fror. Ich holte mir meinen Schal aus dem Schlafzimmer; er lag noch so zusammengefaltet im Schrank, wie ich ihn vor Wochen zurückgelassen hatte. Ich wickelte ihn um mich und setzte mich wieder mit gekreuzten Beinen auf den Boden. Während der Abschlussprüfungen saß Vogel Strauß neben mir im Saal. »Nummer drei«, flüsterte er, »Nummer drei.« Kopf und Hals über sein Blatt Papier gereckt, in den Augen ein eigenartiges Flackern. Ich bemerkte, dass der Aufseher den Blick hob und zu ihm, zu uns herübersah. Schon früher hatte ich Vogel Strauß geholfen, ihm meine Notizen geborgt, hatte ihn tagelang bekniet, sie mir zurückzugeben, nur um festzustellen, dass er sie an jemand anderen weitergereicht hatte, und bei Prüfungen, in denen das Schicksal uns wohl immer nebeneinander setzte, flüsterte ich ihm hier und da ein paar hilfreiche Begriffe zu, wenn sich die Gelegenheit bot. Dieses letzte Mal jedoch löste ich die Hand von meinem Blatt Papier und sah, dass die Tinte verwischt, das Papier durchgeweicht war, von meinem Schweiß. (Vollkommen ineffizient, da sieht man's mal wieder, würde Majdy sagen, man müsste ihn gesondert prüfen, jemand hätte ihm die Fragen vorlesen und seine Antworten notieren müssen.) Sei still, flüsterte ich zurück, halt den Mund, und als die Aufsicht vorbeikam, hielt ich den Mann an und beschwerte mich über Vogel Strauß. Sie zerrten ihn weg, er protestierte, seine Augen zuckten wild hin und her, er schien sie nicht unter Kontrolle zu haben. Er fluchte, sie schleppten ihn unbarmherzig davon. Sein Stuhl, umgeworfen, blieb bis zum Ende der Prüfung neben mir liegen. Warum, fragten mich meine Freunde später, warum ihn so verraten? Ich machte meinen Abschluss, er nicht, und nach Jahren traf ich ihn heute zum ersten Mal im Flugzeug wieder.

Aber das war ja schon nicht mehr heute; es war gestern, denn meine Armbanduhr zeigte 2.00 Uhr nachts, Mitternacht in London. Ich bewegte die Zeiger vorsichtig, drehte die Zeit zurück. Majdy sah müde aus, hatte sich zu lange auf seine Arbeit konzentriert. Er hatte glänzende dunkle Ränder unter den Augen. Er hob den Packen Ausdrucke vom Boden auf, bar ihrer Lochstreifen, und begann sie stapelweise zu sortieren. Manche Bögen wird er gar nicht brauchen; mit denen werde ich Schubladen auslegen, oder ich gebe sie der Tochter des Ehepaars aus Malaysia im Erdgeschoss. Sie kann sie gut zum Malen gebrauchen.

»Ich hatte schon Angst, du würdest nicht wiederkommen«, sagte Majdy plötzlich. Und ich fragte mich, ob dies der geeignete Moment war, so spät abends über solche Dinge zu reden, Dinge, die den Schlaf vertreiben würden. Als ich ihn ansah, erschien er mir schwach und noch attraktiver als am Flughafen. Ich erinnerte mich daran, wie seine Schwestern ihn mir beschrieben hatten, in seiner Anfangszeit hier. Ständig verzweifelt vor Angst, er könnte seine Prüfungen nicht schaffen. Und jetzt hatte er schon fast alles hinter sich. Das Überlebenspaket, das seine Familie ihm geschickt hatte, hatte also seinen Zweck erfüllt. »Ich kann besser arbeiten, wenn du bei mir bist«, sagte er. »Es fällt mir leichter, wach zu bleiben. Als ich dich heute am Flughafen sah, hab ich mich an vieles erinnert. An liebe Menschen, die ich zurückgelassen habe, daran, wie ich vor vielen Jahren war. Ich beneide dich, und du findest das bestimmt komisch; es stimmt aber. Ich beneide dich, weil du weit weg von zu Hause heil geblieben bist, unverändert, während ich alles in Frage stelle und keiner Sache mehr sicher bin.«

Und erst jetzt, als er sich mitten in der Nacht zu mir auf den Boden setzte, erzählte ich ihm von unserem Kind.

In dieser Nacht träumte ich von Vogel Strauß' Braut. Sie war, wie sie mir im Flugzeug gesagt hatte, eine Studienkollegin von mir. Im Traum saßen wir in einem Hörsaal, über unseren Köpfen schwirrten Ventilatoren. Ich machte aus den endlosen Lochstreifen eine Kette und reichte sie ihr. Sie trug sie als Fußkettchen, und ich hatte Angst, es könnte zerreißen, doch sie lachte über meine Besorgnis.

Vogel Strauß erkannte mich im Flugzeug zuerst. »Sumra«, sagte er, und als ich ihn ausdruckslos anstarrte, mein Handgepäck vor mir her tragend, auf der Suche nach meinem Sitzplatz, »Kennst du mich nicht mehr, Sumra?« Er trug das Haar kurz, die Augen hinter dunklen Brillengläsern versteckt, und ich erkannte, dass er frisch verheiratet war. Die feinen Hennamuster auf den Handflächen der Braut, ihre Goldarmreifen und der glänzende Stoff ihres neuen *Tobe* verrieten mir, dass die beiden auf Hochzeitsreise waren. Wir tauschten Neuigkeiten aus wie Menschen, die einander lange nicht gesehen haben. Ist das also Glück, diese plötzliche Wiedersehensfreude, diese Wärme, dieses scheue Lachen? Austausch neuester Meldungen über gemeinsame Bekannte. Hätte ich je gedacht, dass das Wort Glück in wenige Minuten gepackt werden könnte, wenige unverhoffte Minuten im Gang eines Flugzeugs?

»Mein Bruder hat in Medani eine Videothek aufgemacht, ich bin der Geschäftsführer«, sagte Vogel Strauß, und wir lachten wieder, als gäbe es Grund zu lachen, über einen Witz, den nur wir kannten. »Hindi-Filme sind beliebt«, plapperte er auf seine Straußenart. »Die Sprache versteht zwar kein Mensch, aber die Leute leihen die Filme trotzdem reihenweise aus.«

»Ich kenne dich von der Uni her«, unterbrach uns seine Braut. »Mein erstes Studienjahr war dein letztes.« Ihr selbstbewusstes Lächeln, ihre beinahe kokette Art. Sie war mir unsympathisch, weil sie ihn wohl dazu gebracht hatte, seine Augen zu verstecken, sich die Haare schneiden zu lassen. Und der unangenehme Versuch, mir ihr Gesicht in Er innerung zu rufen, obwohl es mir irgendwie schon vertraut war, der Versuch, die leichte Kränkung zu verbergen, als unser Altersunterschied zur Sprache kam.

Neid ist unwillkommener als Trauer. Er traf mich unvorbereitet. Ich tappte in die Falle und stürzte in ein Meer unvernünftiger Gedanken, die ich mir nie zugetraut hätte. Saß sie auf seinem Schoß, um ihm die Augenwimpern zu säubern, mit ihren manikürten Händen? Schrieb er ihr Briefchen in seiner großen Schrift, diesen grotesken Buchstaben, ungebändigt von Linien, die er nicht sehen konnte?

Ich saß an meinem Platz, das Summen der Flugzeugmotoren in den Ohren, kämpfte allein gegen meine morgendliche Übelkeit an und sah die Wolkenwirbel draußen vor dem Fenster. Zweimal kam sie an mir vorbei, hinterließ einen leichten Duft nach Sandelholz, ein Klimpern ihrer Armreifen, eine hoch gezogene Braue, ein attraktives Lächeln. Bei der Zwischenlandung in Kairo verabschiedeten sie sich. Kein Adressentausch, keine Versprechungen. Neue Fluggäste stiegen zu und nahmen ihre Plätze ein, eine Ägypterin mit ihrer Tochter, die ständig in ein kleines Notizbuch schrieb. Und als das Flugzeug wieder startete, ließ ich Vogel Strauß und Afrika zurück, wie zuvor schon einmal.

Heute ging ich durch die High Street und schaute mir die Geschäfte an. Regale prall gefüllt mit Lebensmitteln, reihenweise alkoholfreie Getränke, sogar verschiedene Arten von Zucker. Dafür hatten wir unser Zuhause verlassen, um diese Dinge beneidete man mich. Ich schlenderte durch die

Reihen und Reihen mit Waschmitteln, Toilettenpapier, Tiefkühlfleisch. Menschen hetzten an mir vorbei, Zeit das Einzige, was hier nicht im Überfluss zu haben war. Ich hielt die Leute auf, fingerte an der Kasse nach meinem Wechselgeld, stand im Weg, während ich versuchte, Schlagzeilen in Zeitungen zu lesen, die ich nicht kaufen mochte. Im Schaufenster einer Apotheke überraschte mich mein Spiegelbild. Jünger als ich in meinen Augen war, große, verwunderte Augen, die vor Kälte tränten. Und dann eine Erkenntnis, warm wie die Umarmung einer Mutter, zart wie der Windhauch am Nachmittag in Ibn Zayduns Gedicht. Mir wurde klar, warum mir Vogel Strauß' Braut so bekannt vorkam. Sie war mein jüngeres Ebenbild.

Der Junge vom Kebab-Imbiss

Der Aufruf hing an der Tür zum Computerraum.

Verein muslimischer Studenten
SPENDENAKTION FÜR DEN KOSOVO
VORTRAG & ABENDESSEN
Zeit: Heute 18.00 Uhr
Ort: Kaplans-Zentrum

Dina ging hin, weil sie essen wollte. Sie kam spät und betrat den Raum, als andere schon wieder auf dem Weg nach draußen waren. Die, die noch dort waren, hatten fast aufgegessen, aßen mit Plastiklöffeln Reis und Curry von Papptellern. Nicht alle saßen an Tischen; manche Leute saßen auf Stühlen, hatten die Teller auf dem Schoß; einige wenige saßen auf dem Fußboden. Ein paar Kinder turnten durch den Saal, sprangen und kletterten über die Stühle. Die meisten Leute im Raum waren junge Studenten; auch einige ältere unter ihnen und vereinzelt Studenten mittlerer Semester. Viele Mädchen trugen Kopftücher, manche *Shalwar-khamis*, eine Hose und ein langes Gewand, andere trugen wie Dina die Uniform der Studenten: Jeans, Sweatshirt und unmögliche Schuhe. Sie reihte sich in die Schlange fürs Abendessen ein. Lange musste sie nicht anstehen.

Kassim schaufelte den klumpigen Reis, der nur wenig Zuspruch fand, aus einer Kiste (eigentlich eine Plastikbox für Kinderspielzeug) auf einen Pappteller und wiederholte: »Die Chapattis sind alle.« Mit einer Suppenkelle schöpfte er Curry aus einem überdimensionalen Topf. Die letzten Portionen waren dickflüssig wie Brei, enthielten Reste von Huhn und Kartoffeln. Zum dritten Mal an diesem Abend drängelte sich ein Student an der Schlange vorbei und knallte Kassim seinen Teller mit Essen hin, das er nicht angerührt hatte.

»Der Reis ist ungenießbar.« Er trug ein Adidas-Sweatshirt und eine Brille. »Er ist roh. Schau ihn dir doch an, total verklumpt ...«

»Tut mir Leid ...« Kassim fischte das letzte Stück Gurke aus der Salatschüssel und reichte dem Jungen, der vor Dina anstand, den Teller. Der gab ihm eine Fünf-Pfund-Note, die Kassim zu den anderen Münzen und Scheinen in einer Flora-Margarineschachtel legte. Der Junge verzichtete auf sein Wechselgeld.

»Gib mir Chapattis statt Reis«, forderte der Student.

»Die Chapattis sind alle.«

»Chapattis alle, Hühnchen alle, was ist das für 'ne Organisation. Bei jeder Veranstaltung geht irgendwas mit dem Essen schief. Ihr kriegt das wohl nie gebacken?«, meckerte er und zog von dannen, hungrig und wütend.

Kassim gab Reis auf Dinas Teller. Er rührte mit der Kelle in dem Topf mit Curry und suchte nach einem Stück Hühnerfleisch. »Jetzt ist fast nur noch Soße da«, sagte er.

»Macht nichts.« Ihr fiel auf, dass er strubbelig und sauber zugleich aussah. Durch den Bart und das mittellange, wirre Haar wirkte er ein wenig vernachlässigt.

»Hier ist noch ein Flügel«, er schaute hoch zu ihr. »Tut mir Leid, dass kein Salat mehr da ist.«

Sie zuckte die Achseln und legte zwei Pfund fünfzig in die Flora-Schachtel.

Nachdem nun kein Kunde mehr zu bedienen war, wischte Kassim den Tisch ab, räumte die nicht benutzten Pappteller und den Beutel mit Plastiklöffeln weg. Er schüttelte einen schwarzen Müllsack auf und ging durch den Raum, um leere Pappteller und Becher einzusammeln. Basheer stapelte währenddessen die Stühle übereinander. Trotz seiner Fülle und seines grauen Haars überraschte er Kassim stets aufs Neue, weil er behände und effizient zu Werke ging.

»Ist die Beschwerde bis zu dir durchgedrungen?«, fragte Kassim.

Basheer nickte und arbeitete unbeirrt weiter.

»Und?«

»Beschwerden gibt's immer. Die Aktion, *Alhamdulillah*, hat tausend Pfund eingebracht. Die Spenden noch nicht mal eingerechnet. Das war ein voller Erfolg.«

Basheers Frau Samia unterbrach die beiden. Sie trug eine große Plastikschüssel vor sich her. Ihr einjähriger Sohn hing jammernd an ihrem Rockzipfel.

»Die Reste können wir hier reintun und sie den Vögeln geben. Das können wir doch nicht wegschütten.« Sie stellte die Schüssel auf einem der Tische ab.

Alle Hühnerknochen waren zwar säuberlich abgenagt, doch auf den meisten Tellern war Reis übrig geblieben. Kassim schob die Reste in die Schüssel und warf die Pappteller in den Müllsack. Während er sich entfernte, hörte Dina, wie Samia zu Basheer sagte: »Lass Kassim die Stühle zusammenräumen, sonst wird dein Rücken nur noch schlimmer.«

Kassim kam an den Tisch, an dem Dina saß. »Hat dir der Vortrag vorhin gefallen?«, fragte er sie.

»Den hab ich verpasst.«

Er nickte. »Ich auch, ich hab Reis gekocht.«

»Schmeckt gut«, sagte sie und schlang den nächsten Bissen hinunter. Was Essen anging, war Dina nicht wählerisch. Ihre Mutter Shushu kochte selten richtig, machte ständig irgendeine Diät. Abmagerungskuren verordnete Shushu auch ihrer Tochter, die noch stärker an Übergewicht litt. Wenn sie Diät hielt, war Dina pausenlos gereizt, fühlte sich unwohl. Oft suchte sie Trost bei Chips und Schokoriegeln, womit die Diäten zwar unweigerlich scheiterten, offiziell jedoch nie abgebrochen wurden. Diäten waren eine Art Lebenszweck geworden, gehörten zum Haus, waren Teil der Mutter-Tochter-Beziehung. Und wann immer sich die Gelegenheit bot, außer Reichweite ihrer Mutter, wie heute Abend, schlang Dina Essen in sich hinein, gleich welcher Art.

»Ich arbeite in einem Kebab-Imbiss«, sagte Kassim und machte eine Kopfbewegung in Richtung Basheer: »Er gehört ihm. Das Essen heute Abend hat er gespendet.«

Kassim stopfte mehr Pappteller in den Sack, knotete ihn zu und schleifte ihn weg.

Als Dina aufgegessen hatte, waren nur noch Kassim, Basheer, ein anderer Mann, Samia und ihr kleines Kind im Raum. Die meisten Stühlestapel waren verstaut; Kassim wischte die Tische ab, und der andere Mann hatte begonnen, Staub zu saugen. Das Gerät war alt, ständig löste sich der Schlauch.

Da sie die beiden einzigen Frauen im Raum waren, setzte Samia sich zu Dina an den Tisch. Ihr jammernder Sohn und der Lärm des Staubsaugers ließen kaum Raum für ein Gespräch. Samia nahm ihr Kind auf den Arm und drehte ihren Stuhl so, dass sie den Männern den Rücken zuwandte.

»Sag mir Bescheid, wenn jemand kommt«, sagte sie, und Dina verstand sie nicht recht.

Sekunden später war ihr klar, was gemeint war, als Samia ihren Pullover hochschob und am BH zupfte, um ihrem Sohn die Brust zu geben. Er war sofort still. Deshalb hatte er so gequengelt.

Dina, ein Durchschnittskind von siebzehn Jahren, hatte zwar schon viel Nacktheit gesehen, noch nie aber hatte sie einer Frau beim Stillen zugeschaut. Dina fand den Anblick erschreckend, ein wenig abstoßend sogar. Samia war eine große Frau; in ihren weiten Kleidern sah sie leicht verwegen aus. Der weiße Schal, der ihren Kopf bedeckte, ließ ihre Augen dunkel erscheinen und leuchtend. Sie roch ein wenig nach Schweiß und Gewürzen. Wie sie so dasaß und ihrem Kind zu trinken gab, hatte sie nicht die geringste Ähnlichkeit mit den antiseptischen Müttern aus der Fernsehwerbung für Babywindeln. Das Baby, dachte sich Dina, war zu alt, um gestillt zu werden. Sie hörte, wie angestrengt der Junge beim Saugen atmete, hörte ihn schlucken, Milch einsaugen, schlucken. Sie sah weg, wollte diese Intimität nicht, war verschreckt durch die fleischige Verwundbarkeit. In diesen modernen Zeiten war Dina psychisch nicht vorbereitet auf Geburt oder Mutterfreuden. Sie hatte C++ im Kopf oder fragte sich, ob sie, wie ihre beste Freundin Alanna, sich die Zunge piercen oder einen Schmetterling auf den Arm tätowieren lassen sollte.

Samia wurde plötzlich gesprächig und neugierig. Stellte Fragen, die Dina mechanisch beantwortete, fasziniert von dem Kind, das nun im Arm seiner Mutter döste, sich in den Schlaf nuckelte, satt war und zufrieden.

So viel hatte Samia Dina entlocken können. Dina studierte Informationstechnologie, ihre Mutter war Ägypterin, ihr Vater Schotte. Ihr Vater war letztes Jahr gestorben, an Lungenkrebs. Ihre Mutter arbeitete als Kosmetikerin in einem Kaufhaus. Dinas Bindung zum Islam war schwach und distanziert. Nein, in Ägypten war sie noch nie gewesen. Shushus Familie hatte ihre Tochter enterbt, als sie einen Schotten geheiratet hatte.

»Halb Schottin, halb Araberin«, murmelte Samia. »Wie Kassim, nur umgekehrt. Seine Mutter ist Schottin, sein Vater Marokkaner.« Ihr Baby ließ die Brustwarze los und begann plötzlich laut zu schnarchen, mit weit geöffnetem Mund. Samia lachte, schob den BH wieder in Position, gab ihrem Kind einen Kuss auf die Stirn und zog den Pullover zurecht. Auch Dina lachte und fühlte sich dadurch weniger verlegen.

Dina trat ins Wohnzimmer, das dunkel war bis auf das Licht, das der Fernseher spendete. Shushu hing auf dem Sofa, schien zu schlafen. Auf dem Beistelltisch eine Flasche Gin, ein Glas, eine Schachtel Panadol. Dina beugte sich über ihre Mutter, kniete sich hin, strich ihr übers Haar.

»Mama.«

Shushu grummelte eine Antwort. Sie wandte sich ab. Mascara-Spuren im Gesicht. Ihr Atem, als sie zu weinen begann, roch trocken und säuerlich.

»Mama, was hast du? Ist bei der Arbeit irgendwas vorgefallen?«

Shushu schüttelte den Kopf.

Dina setzte sich auf den Boden und wartete. Sie sah sich den ägyptischen Schwarzweißfilm auf Nile TV an. Es wäre ja romantisch oder zumindest traurig, wenn Shushu ihrem Mann nachtrauern würde. Doch sie hatte ihn nur verachtet, so lange, bis er schließlich in sein Grab gewelkt war. Der gut aussehende *Khawagah*, der sie im Gezira Club verfolgt und verzaubert und dann ihrer Familie entführt hatte, in ein lebloses Leben, an einen leblosen Ort. In Schottland fiel das Charisma von ihm ab, das Afrika dem weißen Mann verleiht, und er wurde zu jenem gutmütigen Durchschnittsvater, mit dem Dina aufwuchs. Er ging gern in die Kneipe, sah gerne Fußball, träumte vom Lottogewinn und von nicht viel mehr. Dem verlieh Shushu nun Ausdruck. Sie reckte ihren Arm in die Luft, unsicher, und schlug dann mit voller Wucht auf den Teppich.

»Wusch.« Dieses Wort und dieser schlanke Arm, der auf den Teppich krachte, sagten alles. »Alles ist geschrumpft, als dein Vater mich hierher gebracht hat.«

»Geh schlafen«, sagte Dina. Sie hatte all das schon so oft gehört; nichts davon war ihr neu. »Reg dich nicht zu sehr auf.«

»Meine Schwester schickt mir das Geld nicht.«

»Deswegen ärgerst du dich?«

»Ich hab mit ihr telefoniert.« Shushu rappelte sich hoch. Ihre Frisur war dahin. »Meine Schwester hat eine Wohnung in Mohandisin. Sie hat zwei philippinische Hausmädchen, die ihr alle Arbeit abnehmen. Zwei Philippininnen, stell dir vor. Und trotzdem missgönnt sie mir mein Eigentum, das Erbteil meiner Mutter.«

»Hmm.«

»Ein schwarzer Tag, der Tag, an dem ich deinen Vater zum ersten Mal sah.«

Sie schauten sich den Film zu Ende an. Nile TV war praktisch für Dina, da die meisten Filme englische Untertitel hatten, konnte sie sie verstehen. Hin und wieder, sehr selten, gab Shushu Kommentare zu den Schauspielern oder zur Handlung ab, vermittelte Dina Bruchstücke ägyptischer Kultur. Beißend-ironische Bemerkungen, spitz und erstaunlich geistreich. Für Dina waren sie kostbar.

»Mama«, sagte Dina vorsichtig, als das Wort *Al-nihaya* den Bildschirm ausfüllte, begleitet von ein paar Takten Musik. »Ich hab bei den Anonymen Alkoholikern angerufen.

Sie sagen, ich könnte dich zu einer Sitzung begleiten, wenn du dich allein nicht traust.«

Shushu machte eine abwehrende Handbewegung und streckte sich wieder auf der Couch aus.

»Warum denn nicht? Wäre doch kaum was anderes als die Weight Watchers – einmal die Woche.«

»Lass mich in Ruhe.« Shushus Stimme klang müde, verhalten.

Kassim suchte Dina am nächsten Tag in der Uni und traf sie im Computerraum. Er setzte sich auf den Drehstuhl neben ihr und schaute ihr beim Arbeiten zu. Sie trug eine Brille. Er reichte ihr die Samosas, die er für sie ausgebacken hatte. Samosas mit Hühnchen und Gemüse in einer öligen braunen Tüte. Ihre Dankbarkeit und Freude waren die Belohnung, die er gewollt hatte. Sie aß sie sofort, obwohl ein Schild essen und trinken im Raum verbot.

»Ich glaube, ich werde heiraten«, sagte Kassim zu Basheer. Um fünf war es ruhig im Kebab-Imbiss. Erst nach sechs war wieder mehr Betrieb. Hochbetrieb herrschte abends um elf, wenn alle Kneipen dicht machten.

»Eine weise Entscheidung«, sagte Basheer, und seine Augen leuchteten, wie stets, wenn ihn etwas wirklich freute.

»Noch im Anfangsstadium«, sagte Kassim.

»Deine Frau, *Inschallah*, wird gutmütig sein und ruhig wie du und sehr gläubig«, er legte ihm den Arm um die Schultern.

»Danke, Basheer.«

»Wofür?«

»Du hast mir viel beigebracht.«

Basheer zuckte die Achseln und steckte weiter abwechselnd Fleisch und grüne Paprika auf einen Spieß. Obwohl Kassim regelmäßig an Reverts Unterricht in der Moschee teilnahm, hatte er vor allem im täglichen Kontakt mit Basheer gelernt, den Islam zu leben. In der gemeinsamen Arbeit mit Basheer, tagein, tagaus, durch Alltägliches und Besonderes, war der Islam zu seinem Lebensrhythmus geworden, ein gangbarer Lebensweg. Kassim war nicht in einer gläubigen Familie groß geworden. Sein marokkanischer Vater hatte ihm einen muslimischen Namen gegeben, ihn im Alter von acht Monaten beschneiden lassen und hatte ihn insgesamt fünfmal mit in die Koranschule für Kinder genommen. Und mit der Zeit hatte das weltliche Leben die Oberhand gewonnen. Kassims schottische Mutter hatte weder Interesse an Religion noch muslimische Freundinnen. Sie stand ihrer zahlreichen Familie aus Aberdeenshire nahe, und Kassim wuchs mit Weihnachten und *Hogmanay* auf, dem schottischen Silvesterfest. Meistens spürte er keinen Unterschied zwischen sich und seinen Cousins, gelegentlich aber wurde ihm bewusst, dass er einen seltsamen Namen trug und dass sein Vater nicht akzentfrei Englisch sprach. Kassim hatte eine glückliche Kindheit verbracht und war zu einem selbstsicheren jungen Mann herangewachsen. Dennoch konnte ein kleiner Zwischenfall hier, das Verhalten einer Person dort dazu führen, dass er innehielt, stehen blieb und dachte: »Da stimmt was nicht.« Er gab sich allerdings nie lange damit ab. Er war kein Grübler. Meist schüttelte er die Zweifel ab und ging weiter seiner

Arbeit nach. Schließlich weckte Judo seine muslimische Identität. Judounterricht in der Stadt, weg von Zuhause, raus aus der Vorstadt. Er fuhr mit dem Bus in die Stadt, und seine Mutter und Cousins waren überzeugt, dass Judo nur eine Teenager-Laune war, vorübergehend. Doch Kassim freundete sich mit ein paar Jungen aus dem Judokurs an. Arabische Kinder, die seinen Namen sofort erkannten.

Dina stand draußen vor dem Kebab-Imbiss und schaute durchs Fenster nach drinnen. Sie konnte Kassim sehen, der Dönerfleisch schnitt. Er trug eine Schürze. Sie sah, wie er sich umwandte, um einen Kunden zu bedienen, einen müde dreinschauenden Mann, das schüttere Haar in die lichte Stirn gekämmt. Kassim schnitt ein Stück Pittabrot auf, füllte die Fleischstücke hinein. Er hielt eine Flasche *Tahina* in die Höhe. Der Mann nickte. Kassim presste *Tahina* in die Brottasche. Als der Mann beim Angebot von Salat und scharfer Sauce den Kopf schüttelte, wickelte Kassim das Brot in eine braune Papiertüte. Er wischte sich die Hände an seiner Schürze sauber, nahm einen Schein entgegen und öffnete die Kasse. Als Kassim wieder aufschaute, während der Mann den Laden verließ, bemerkte er Dina. Sie sah sein Lächeln, überrascht und zugleich erfreut, sie zu sehen. Das gab ihr dieses weite, angenehme Gefühl, das sie mit ihm verband; unbewusste Bilder des Himmels, der sich in Wellen öffnete, ein gesundes Organ tief unter der Haut, prall und kraftvoll. Er öffnete ihr die Tür und sagte: *»Salamu Alleikum.«*

Diese typisch muslimische Begrüßung machte sie ein wenig verlegen, neue, ungewöhnliche Wörter. Sie antwortete nicht, lächelte nur und sagte: »Ich wollte nur kurz vorbeischauen.«

Minuten später saß sie an einem der Tische im Imbiss. Kassim brachte ihr ein Stück Döner-Pizza, ein Samosa und ein Zwiebel-Bhaji. Zahlen durfte sie nicht. Auch Samia erschien, mit ihrem Baby im Kinderwagen. Sie erinnerte sich an Dina und küsste sie zur Begrüßung. Samia und Basheer unterhielten sich laut auf Arabisch, das Dina nicht verstand. Kassim unterbrach sie: »Basheer, kann ich Pause machen, vielleicht eine halbe Stunde? Ich arbeite die Zeit auch nach. Ganz bestimmt.«

Als Dina fertig gegessen hatte, brachen die beiden zu einem Spaziergang auf.

Sie gingen am Strand entlang. Das Meer war denimfarben, blau wie Blue Jeans; wendige Delfine tauchten aus dem Wasser auf und stürzten sich wieder hinein. Der Wind blies Dina durchs Haar, und der Geruch der See hob ihre Laune. Sie wurde gesprächig und fröhlich. Als sie sich auf dem Sand niederließen, beugte sie sich zu Kassim und küsste ihn auf die Wange, strich ihm über Haare und Bart. Sie erwartete, dass er sich ihr zuwenden und ihren Kuss erwidern würde, doch er wurde rot, und obwohl er nicht wegrückte von ihr, spürte sie seine Anspannung, also rückte sie von ihm weg.

Er murmelte etwas von Hochzeit.

»Nicht mal Küssen vorher?« Sie fragte mit sanfter Stimme. Ein Hund bellte in der Ferne, und das Geschrei der Möwen klang aufdringlich und rau.

Kassim gab keine Antwort, und er tat ihr Leid, so wie einem Krüppel oder Gelähmte Leid taten. Eine Art Mitleid, das sie voneinander entfernte, statt sie einander näher zu bringen.

»Es kommt jemand vorbei und sammelt Kleider für den Kosovo. Ich gebe ihm Papas Sachen.«

Shushu gab keine Antwort und schenkte sich Alkohol nach. Seit sie die Satellitenantenne hatten, konnte Shushu ägyptisches Fernsehen empfangen und saß das ganze Wochenende über vor der Mattscheibe. Sie genoss das sehr, auch wenn es sie hin und wieder mit Neid erfüllte und sie Heimweh bekam.

Als Kassim erschien, schmollte Shushu und weigerte sich, auch nur eine Silbe zu sagen. Sie drückte einen Knopf auf der Fernbedienung, und das Zimmer ertrank im Gesang des ägyptischen Sängers Wardah. »Wir können uns in die Küche setzen«, sagte Dina zu Kassim.

Sie saßen in der Küche. Dina begann, ihm die Sachen ihres Vaters zu zeigen. Sie hatte sie gewaschen, gebügelt, sorgsam gefaltet. Stunden hatte sie damit zugebracht, während Shushu im Hintergrund gehässige Bemerkungen gemacht hatte.

Kassim fing an, ihr vom Kosovo zu erzählen, von den betroffenen muslimischen Dörfern, von Menschen, die ihre Häuser verloren hatten und nun in Lagern lebten. Sie begann zu weinen, und er nahm an, es seien seine Worte, die sie zu Tränen rührten. Doch sie hatte ihm gar nicht genau zugehört; es schien ihr alles so weit weg. Sie weinte um ihren Vater, trauerte zum ersten Mal unbefangen. Kassim und das, was er über den Kosovo sagte, führten sie weg von ihrer verbitterten Mutter, weg von deren Meinung über ihren Vater.

Von Gin bekam Shushu Heißhunger auf Oliven. Böse Oliven, Kalorienbomben. Sie widerstand, riss sich dann doch vom Fernseher los, um das Glas aus dem Kühlschrank zu holen. Sie fand Dina schluchzend, Kassim verlegen.

»Wieso weinst du?« Sie sah Kassim an. »Du hast sie zum Weinen gebracht. Wieso weint sie? Was hast du zu ihr gesagt?«

»Nichts, Mrs. McIntyre.«

»Warum weint sie denn dann?«

»Schon gut, Mama«, schluchzte Dina. »Alles in Ordnung. Er ist nicht schuld daran.«

»Was will er überhaupt hier?«, flüsterte Shushu hörbar. Sie nahm das Glas grüne Oliven aus dem Kühlschrank und setzte sich zu den beiden an den Tisch.

»Ich geh dann mal«, sagte Kassim und stand auf.

»Bis demnächst.« Dina klebte an ihrem Stuhl, fühlte sich schwer und unattraktiv.

»Ja, bis demnächst.«

»Wiedersehen, Mrs. McIntyre.«

Shushu erwiderte nichts, drehte stattdessen den Deckel vom Olivenglas ab. Kassim hob den schwarzen Kleidersack hoch, fand allein nach draußen, schloss leise die Küchentür hinter sich.

Shushu fischte eine Olive aus der Salzlake und ließ sie sich in den Mund fallen. Dina tat es ihr gleich und wischte sich dann mit dem Handrücken die Tränen aus dem Gesicht. »Jetzt hab ich vergessen, ihm Papas Anzüge mitzugeben.«

Neben all ihren Fehlern hatte Shushu sich doch ihren Mutterinstinkt bewahrt. Sie spürte die Gefahr, die von Kassim ausging. »Das ist also der Junge vom Kebab-Imbiss ...«

»Ich finde ihn nett.« Dina biss in die nächste Olive. Die grünen schmeckten immer bitterer als die schwarzen.

»Du wirst in einer schrecklichen Sozialwohnung enden, mit rassistischen Graffities an den Wänden.« Es lag keine Drohung in Shushus Stimme, nur Enttäuschung.

Beide rührten sie sich erst wieder vom Fleck, als auch die letzte Olive vertilgt war. Übrig blieb nur überflüssige Lake, mit grünen Olivenstückchen gesprenkelt.

Der Kleidersack war schwer, und Kassim fuhr mit dem Bus zurück, statt zu Fuß zu gehen. Er brauchte nicht lange, um das Schockerlebnis mit Shushu zu verwinden. Frauen wie sie hatte er im Kebab-Imbiss zur Genüge erlebt, spät abends, Frauen, gezeichnet von zahllosen Abmagerungskuren und Überanstrengung. Sie taten ihm Leid, ähnlich wie kranke oder behinderte Menschen. Mitleid, das Distanz schaffte statt Nähe. Wäre Kassim ironisch veranlagt, so würde er Dinas muslimische mit seiner westlich geprägten Mutter vergleichen und über den Vergleich lachen. Seine Mutter war konservativ, gesetzt und zu Hause peinlich genau auf Sauberkeit bedacht. Doch Kassim hatte weder einen Hang zu Ironie, noch ließ er sich leicht entmutigen. Er war fest davon überzeugt, dass man Schlechtes zum Guten wenden konnte, nichts war unmöglich, und alles konnte besser werden.

Wieder im Imbiss angelangt, hatte er die Kleider zusammen mit allen anderen Sachen, die per Lkw in den Kosovo gebracht werden sollten, schnell im Lager verstaut und Shushu schon wieder vergessen. Der Reis, den er an jenem Abend kochte, war ein voller Erfolg. Basheer lobte ihn: »Gratuliere, Kassim. Nicht ein einziges Korn auf Tuchfühlung mit seinem Bruder.« Sie lachten und schlugen ihre über den Kopf erhobenen Handflächen aneinander.

Tags darauf trug Dina die Anzüge ihres Vaters in den Kebab-Imbiss. Eine Freundin setzte sie mit dem Auto ab, und sie sprach während der gesamten Fahrt stolz über Kassim, den Kosovo und die Kleider. Die Tatsache, dass die Anzüge ihres Vaters in den Kosovo reisten, gab seinem Tod eine tiefe Bedeutung, die ihm vorher fehlte. Im Laden war Basheer damit beschäftigt, Kunden zu bedienen. Dina sagte zum ersten Mal *»Salamu Alleikum.«* Ihre Verlegenheit wich, als Basheer antwortete. Er sah die Anzüge, die sie mitgebracht hatte, und sagte: »Danke, das ist eine große Hilfe. Bring sie Kassim, er ist hinten im Lager.«

Nie zuvor war sie durch die Tür »Nur für Personal« gegangen. Die Erregung beim Gedanken daran, Kassim wiederzusehen, nur ein paar Schritte noch, wenige Minuten. Und heute war sie nicht etwa jemand von draußen, keine Kundin, sondern sie gehörte »dazu«, stieß eine private Tür auf, wie Samia, wie ein Mitglied der Familie.

Hier im Lagerraum war es dunkel, und Dina hielt einen Moment inne, um ihren Augen Zeit zu geben, sich anzupassen. Sie stand in einem schmalen Korridor. Nach und nach machte sie Stapel von Dosen mit Limonade aus, einen Stapel Stühle; lose aufgetürmte Aluminiumbehälter, Plastikteller, Papierservietten, Mülltüten. Auch Stapel der Dinge, die in den Kosovo sollten. Windeln, Decken, Schuhe, Fundstücke vom Flohmarkt, Spielzeug, Lebensmittelkonserven, Pakete mit Nudeln. Sie ging ein paar Schritte. An einer Wand hingen Mäntel und Jacketts aufgereiht. Dina fand einen leeren Haken, an den hängte sie die Anzüge ihres Vaters. Sie hörte ein Niesen und rief: »Kassim?« Doch sie erhielt keine Antwort. Ein kleiner Raum, kaum größer als eine Garderobe, öffnete sich am Ende der aufgereihten Jacken. Dina hörte ein Flüstern und ein leises Rascheln, dort bewegte sich jemand, und sie wusste, dort musste Kassim sein.

»Kassim?«

Plötzlich Herzklopfen, ihr Blut in ihren Adern gefroren, weil Kassim nicht greifbar war, nicht auf gleicher Höhe mit ihr, sondern am Boden kauerte, und Dina war schockiert, ihn so zu sehen, so starr und reglos, er schien zu kriechen, nicht etwa auf der Suche nach etwas, das zu Boden gefallen war, und er antwortete ihr nicht. Sie hatte Angst – und wollte doch, dass er sie beruhigte, wollte, dass dieser Schreck verging. Warum kauerte er in dieser Position, seine Stirn, die Nase, die Handflächen an den Boden gepresst, wozu ...?

Er richtete sich auf, sprach sie nicht an, schien sie nicht zur Kenntnis zu nehmen. Dina hatte, trotz ihrer muslimischen Vorfahren, nie jemanden beten sehen. Im Fernsehen, ja, oder auf einem Foto in einem Schulbuch, nicht aber zum

Greifen nah, im selben Raum, nicht jemanden, den sie kannte, den sie liebte. Als ihr das klar wurde, fand ihr Puls zu seiner normalen Frequenz zurück, ihre Angst wich Verlegenheit. »Entschuldige«, murmelte sie und wandte sich zum Gehen. Hätte sie versehentlich die WC-Tür aufgestoßen und ihn auf der Toilette sitzen sehen, wäre ihre Entschuldigung nicht anders ausgefallen. Ein Gefühl wie an dem Tag, als sie Samia beim Stillen zugesehen hatte, diese Intimität, fleischlich, verletzlich.

Dina stolperte aus dem dunklen Korridor in den gleißend hellen Laden, Kunden kamen und gingen, Rauchschwaden stiegen vom Grill auf, und die Kasse klingelte fröhlich. Sie trat hinaus auf die Straße, in die kalte Normalität des Straßenverkehrs, hohe Absätze auf dem Asphalt, geparkte Autos am Straßenrand. Reglos stand sie da, mit dem Rücken zum Kebab-Imbiss, die Augen starr auf den Reifen eines geparkten Wagens gerichtet, ohne ihn wirklich zu sehen. Kassim lud sie ein in seinen Glauben, der im Grunde ihr Glaube war, denn sie war in ihn hineingeboren. Er gab ihn lautlos an sie weiter, durch Osmose, und wie schmerzhaft und langsam wäre ihr Erwachen! Wenn sie nun lange genug wartete, würde er nach draußen auf die Straße kommen und nach ihr suchen. Ginge sie aber nach Hause, so wüsste er, dass sie an seinem Lebensstil kein Interesse hätte, ihren eigenen nicht ändern wollte.

Sie harrte auf dem Gehweg aus, hin und her gerissen zwischen dem köstlich geheimnisvollen Leben, das er verhieß, und dem vertrauten Dasein in ihrem Elternhaus, das erfüllt war vom Unmut über unerfüllte Träume.

Mittagessen am Dienstag

Nadia ist acht Jahre alt, und sie kann jetzt lesen. Sie kann lesen, was es heute, am Dienstag, zu essen gibt; die Speisekarte hängt an der Tür zur Turnhalle. Mittags wird die Turnhalle zum Speisesaal. Tische mit angeschraubten Sitzbänken stehen auf den weißen Linien am Boden, auf dem die Kinder sonst Ball spielen und sich Bohnensäckchen zuschieben. Jetzt, zwischen den plappernden Kindern, die Schlange stehen und drängeln, inmitten der leckeren Düfte, die aus der Küche herüberwehen, im Geklapper von Löffeln und Tabletts kann sich Nadia nur schwer vorstellen, dass sie hier in der Turnhalle ist. Würde sie jetzt ihr Hemd ausziehen, in ihren weißen Shorts dastehen, laufen oder springen, wie verkehrt wäre das, wie fehl am Platz. Heute Nachmittag aber wird sie genau das tun, und es wird nicht nach Essen riechen, es wird hier kein Geschirr geben, keine Tische, und wenn man mitten im Turnunterricht anfangen würde zu essen, wie ungezogen wäre man dann. Während sie darüber nachdenkt, ist sie stolz auf sich: Sie ist älter geworden, sie begreift den Unterschied, sie kann sich richtig benehmen und erfährt Dankbarkeit, wird belohnt dafür, dass sie nicht aus der Reihe tanzt, nicht auffällt. Das war schlechtes Benehmen, unartig, vor aller Augen ermahnt, Mittelpunkt aller Aufmerksamkeit zu werden; wer anders ist, erntet allgemeinen Unmut. Du spielst in aller Ruhe, bist mit Freunden allein in deiner eigenen Welt. Und kaum machst du etwas falsch, selbst wenn du's nicht mit Absicht getan hast, ist der Frieden dahin. Die Mutter reagiert gereizt, die Stimme des Kindes erhebt sich: »Mrs. Benson, Nadia hat meinen Bleistift zerbrochen!«

Trotz allem zu wissen, sie könnte die Schlange verlassen, ihr Tablett stehen lassen und so tun, als sei jetzt Turnstunde, wissen, dass nichts sie zurückhielt, erfüllte sie mit Begeisterung. Dennoch hat sie Angst, die Kontrolle zu verlieren, zurückzufallen in ein jüngeres, unschuldiges Alter, nur mit dem Unterschied, dass man ihr jetzt nichts mehr so leicht nachsehen würde wie in den Jahren zuvor. »Du wusstest doch, dass du das nicht darfst«, würde Lateefa sagen und sie in den Arm zwicken. »Wenn du's aus Dummheit getan hättest, na schön, aber du wusstest es, und *warum* hast du's dann getan?« Nadia ist jetzt acht, und sie weiß, dass Eltern absichtlichen Ungehorsam nicht so leicht verzeihen.

Der Speiseplan ist mit schwarzem Stift geschrieben, in Mrs. Hicksons Handschrift. Sie hängt ihn montags auf, damit man ablesen kann, was es in der Woche zum Mittagessen gibt. Manchmal liegt Nadia abends wach und versucht, vor dem Einschlafen den ganzen Speiseplan in Gedanken zu wiederholen, sich an jedes einzelne Gericht zu erinnern. Montagabend ist am schwierigsten, Donnerstagabend am einfachsten. Heute am Dienstag gibt es Hühner-Risotto, Schweinefleischpastete, Steckrübenpüree, Pellkartoffeln, Tomaten-Nuss-Salat, Schwarzwälder Kirschtorte und Fruchtjoghurt. Nadia weiß, sie muss Hühner-Risotto essen und darf sich eine Gemüsebeilage und einen Nachtisch aussuchen.

Nadia isst gerne Huhn. Lateefa kauft für Zuhause *Halal*-Hühnchen, fährt einmal in der Woche zum pakistanischen Metzger in der Finchley Road und bringt vier Stück mit heim in einer der grünen Marks & Spencer-Tüten, die sie sammelt. Hühner-Risotto, die Kartoffeln (nicht die Steckrüben, die Steckrüben auf keinen Fall) und Kuchen, das wird sie nehmen. Und Mrs. Hickson weiß das mit dem Schweinefleisch, deshalb wird sie Nadia, wenn sie an der Reihe ist, Hühnchen servieren, mit einer Riesengabel, wie Nadia sie nennt. Mrs. Hickson weiß um das Schweinefleisch, weil Lateefa sie darauf hingewiesen hat. Lateefa hatte alle darauf hingewiesen: den Direktor, der sehr höflich reagiert hat; Mrs. Benson, Nadias Lehrerin, die sagte, dass Nadia den Speiseplan gut lesen könne und immer die Wahl zwischen mehreren Gerichten habe (eine Antwort, die Lateefa nicht überzeugte); und schließlich Mrs. Hickson selbst, die sehr aufmerksam zugehört hatte.

Trotz alledem, meinte Lateefa später zu Hamdy, wenn ich eines der Kinder dieser verrückten Vegetarier-Eltern Fleisch essen sähe, würde ich es nicht dran hindern, oder? »Würdest du, wenn das deine Aufgabe wäre«, gab er knapp zurück und schlief kurz darauf ein. Doch um ganz sicher zu gehen, hatte Lateefa beschlossen, sie alle zu bestechen, den Direktor, die Lehrerin und allen voran Mrs. Hickson. Wobei nicht einer von ihnen auch nur die leiseste Ahnung hatte, dass er bestochen wurde. Der Direktor bekam einen ägyptischen Aschenbecher aus Alabaster und einen Brieföffner aus Elfenbein. Seine Tochter, ein Teenager, fand den Gedanken, dass ein Elefant seiner Stoßzähne wegen sein Leben lassen musste, unerträglich und verfrachtete den Brieföffner kurzerhand auf den Speicher, wo er zwischen lückenhaften Laubsäge-Puzzles und Puppen ohne Köpfe den Rest seines Daseins fristete. Auf wundersame Weise gelangte der Aschenbecher auf einen Trödelmarkt der Schule (es gab nicht einen Raucher in der Familie); Lateefa zuckte zusammen, als sie ihn entdeckte, und nahm ihn für dreißig Pence wieder mit nach Hause.

Mrs. Benson war glücklicher mit ihrem Geschenk, einem Paar Ohrringe im Pharaonen-Design, und Mrs. Hickson war vollauf begeistert von den Kissenhüllen aus Baumwolle. Sie kaufte passende Kissen dazu und verstreute sie auf ihrem Doppelbett. Sie verliehen dem Raum eine geheimnisvoll »ethnische« Atmosphäre, so fand sie. »Ich würde liebend gerne eines Tages nach Kairo fahren«, sagte sie zu Lateefa, »mein Vater war im Krieg dort.« Lateefa erzählte ihr den Witz über das ägyptische Dorf, in dem plötzlich alle Babys blonde Haare und blaue Augen hatten. Allem Anschein nach war während des Krieges eine britische Garnison in der Nähe stationiert. Doch Mrs. Hickson lachte nicht.

An diesem Dienstag teilt nicht Mrs. Hickson das warme Essen aus, und Nadia sieht sich plötzlich einer jungen Frau gegenüber, die sie nie zuvor gesehen hat, einer Frau, die sie fragt: »Schweinefleischpastete oder Huhn?« Und Nadia hat das Gefühl, der ganze Saal verwandelt sich oder er verwandelt sie, Nadia. Wenn sie »Schweinefleischpastete« antwortet oder einfach »Pastete«, das verbotene Wort brauchte man gar nicht zu sagen, einfach »Pastete«, wäre diese neue Dinner Lady gar nicht überrascht, sie würde eine Pastete herauspicken mit ihrer Riesenzange und sie auf Nadias Teller legen. Sie würde neben den Kartoffeln und dem Salat liegen. Wo ist Mrs. Hickson? Sie könnte ja plötzlich auftauchen. »Für Nadia kein Schweinefleisch«, wird sie sagen, ihr über die Schulter schauen, und die neue Dinner Lady wird sich seufzend umdrehen, leicht genervt. »Warum sagst du das denn nicht gleich, Kind?«, und wird Nadia Huhn servieren.

Nadia fragt nach Mrs. Hickson. Die Kinder hinter ihr werden ungeduldig, die Lady hält ihre Hand erhoben, mitsamt der Zange. Doch Nadia muss einfach fragen, sie schluckt und spricht. »Krank und hat frei«, die Antwort. Mrs. Hickson war noch nie krank, nie zuvor, und Nadia findet, sie braucht eine Pause, Zeit, zu überlegen, Zeit, das Neue aufzunehmen.

Mrs. Hickson ist zu Hause damit bemüht, eine Blasenentzündung loszuwerden, presst sich eine Wärmflasche auf den Bauch, trinkt Wasser, um die Bakterien auszuspülen. Sie schaut auf die Uhr, 12.00 Uhr mittags, und denkt gar nicht an Nadia oder daran, dass sie jetzt eigentlich im Speisesaal stünde, um Essen auszugeben. Sie denkt nur: *Verdammt, noch drei Stunden bis zur nächsten Tablette, wann fängt das Antibiotikum endlich an zu wirken?*

»Wenn du nichts Warmes essen willst, nimm Käse und Kekse zu den Kartoffeln«, sagt die Lady und schaut schon auf den Jungen, der hinter Nadia wartet.

»Pastete«, flüstert Nadia. »Ich nehme Pastete.«

Sie schmeckt wie Hühnchen. Sie schmeckt weder bitter noch sauer. Nicht wie die anderen Sachen, die Lateefa ihr zu probieren verbietet, Orangenschalen oder Parfüm. Sie schmeckt wie anderes Essen auch. Nadia schiebt mit ihrem Messer Ketchup auf einen Happen, und mit Ketchup schmeckt die Pastete sogar besser. Die anderen Kinder reden beim Essen, ein Tag wie jeder andere, ein ganz normales Mittagessen. Gestern war Nadia wie sie alle, doch heute scheint die Mittagspause endlos, wirklich, glitzernd. Tracy, Nadias beste Freundin, isst das Hühner-Risotto, Tracy, die sonst unter Nadias fragenden Blicken Schweinefleischpastete aß. Tracy, die Kartoffelchips mit Schinkengeschmack mit in die Schule bringt, die Nadia nicht probiert. Heute, ausgerechnet heute, isst Tracy Risotto mit Huhn. Und sie wird Nadia plötzlich unsympathisch.

Nach dem Mittagessen Mathematikunterricht. Tracy ist nicht gut in Mathe, nicht so gut wie Nadia, und während Nadia schon dividiert, hat Tracy noch nicht fertig multipliziert. Nadia schreibt ordentlich in ihr Arbeitsheft, bewegt beim Rechnen schnell die Lippen, scheint Selbstgespräche zu führen. Wenn eine Seite voll ist, kontrolliert Mrs. Benson sie und setzt einen Stempel darunter, das Bild eines Jungen, der auf einem Skateboard vorbeirauscht. »Weiter so«, ermutigt der Satz über seinem Kopf die Kinder. Sechzehn geteilt durch vier, zwölf geteilt durch drei, fünfzehn geteilt durch fünf. Einfach. Und Nadia grübelt, leicht beunruhigt, was wäre, wenn sie sechzehn durch fünf teilen müsste, wenn auf dem Bild im Arbeitsheft drei Kinder mit zehn Süßigkeiten abgebildet wären, die sie untereinander zu teilen hätten. Das würde nicht aufgehen; sie würden nicht teilen können. Nadia verdrängt ein Gefühl, ein Gefühl der Müdigkeit, das Mittagessen liegt so lange zurück, auch das Frühstück ist so lange her. Doch daran kann sie nicht denken, nicht einmal an den Schokoriegel kann sie denken, den sie sich mit Lateefa teilen wird, wenn sie aus der Schule nach Hause kommt.

Sie hat ein komisches Gefühl in der Brust und im Hals, das wäre sie gerne los. Zehn geteilt durch zwei, sechs geteilt durch drei, achtzehn geteilt durch sechs. Sie kommt nicht weiter; achtzehn geteilt durch sechs ... durch neun wäre es einfach zu teilen, aber sechs, achtzehn geteilt durch sechs. Vielleicht ist das eine von diesen unteilbaren Zahlen, wie bei den drei Kindern, die zehn Süßigkeiten nicht untereinander aufteilen können. Die Zahlen wirbeln auf dem Papier durcheinander; die Zeit scheint nur langsam voranzukommen. Nadia denkt, sie sollte aufstehen, zu Mrs. Benson gehen, die sich über Tracys roten Haarschopf beugt. Wenn sie zu mir schaut, spreche ich sie an, denkt Nadia, und legt den Kopf auf ihr Arbeitsheft. Es kühlt ihre Stirn. Ihre Stirn ist feucht. Die schwarzen Zahlen auf der Seite dicht vor ihren Augen. Der Junge auf dem Skateboard grinst hämisch, und sie schließt die Augen, weil sie ihr weh tun.

»Nadia, Nadia«, dringt Mrs. Bensons Stimme zu ihr, und Nadia hebt den Kopf, schluckt, doch zu spät. Ein Schwall, das Geräusch eines aufgedrehten Wasserhahns, und schon ergießt sich eine Flut über das Arbeitsheft, über Nadias Schoß, über Marks Stifte, ein Stückchen Kartoffel auf Brians linkem Arm. Und auf dem durchweichten Jungen auf dem Skateboard ein rosa Rest Pastete, durch den hindurch der Junge noch immer grinst: »Weiter so.« Und Nadia macht weiter, während Mrs. Benson mit erstaunlichem Geschick den Papierkorb vor Nadia strategisch günstig in Position bringt. Es hört einfach nicht auf, auch wenn Brian »Ähh, igitt, igitt« sagt und es weiterhin sagt, auch wenn Tracy gluckst vor Lachen, die Hand vor dem Mund, die Knie zusammengepresst, und obwohl Mark leise jammert: »Mrs. Benson, ich brauche einen neuen Stift.«

Sie fühlt sich nicht besser. Unterbrechungen, doch besser geht es ihr nicht. Während einer dieser ruhigen Momente wird sie zur Toilette geführt. Mrs. Benson ist freundlich, hilft ihr, sich die Jacke sauber zu machen, sagt ihr, sie solle sich das Gesicht waschen, ist nicht wütend, schreit nicht. Nadia hat Angst, sie könnte böse werden; die Schweinerei in der Klasse – wer soll das sauber machen? Und das Arbeitsheft – was wird aus dem Arbeitsheft?

Auf der Toilette kommt auch der Rest ihres Mittagessens, leichter jetzt, nicht so dick und klumpig, weniger verkrampft. Roter Ketchup, Orangensaft, jede Menge Orangensaft. Und daheim angekommen, nachdem Lateefa sie endlich abgeholt und nach Hause gebracht hat, ist alles draußen. Sie würgt, ihr Magen krampft sich zusammen, doch es ist nichts mehr drin, nur noch ein dumpfer, ruhiger Schmerz in den Muskeln. Ausgelaugt fühlt sie sich, sie zittert.

»Ab ins Bett, Nadia, geh schlafen, danach wird's dir besser gehen. Du isst heute nichts mehr. Dann geht's dir morgen besser, *Inschallah.*« In ihrem Schlafanzug fühlt Nadia sich sauber; ihr Zimmer riecht gut, die Laken sind kühl und gemütlich.

»Was hast du denn gegessen, dass du so spucken musstest? Was gab's denn zu Mittag?«

»Huhn«, sagt Nadia, die Nase im Kissen, die Augen geschlossen, und nach einer Pause: »Mrs. Hickson war heute krank.«

»Was hast du noch gegessen?«

»Schwarzwälder Kirschtorte.«

»Was ist das denn?«

»Kuchen, Mami, Schokoladenkuchen.«

»Dann lag es wohl an der Sahne. Die Sahne war wohl schlecht, und schlecht für deinen Magen. Und nun schlaf schön; ich bin unten.« Erleichterung, ein leerer Magen, endlich Erleichterung, jetzt kann man gut einschlafen.

Nadia öffnet den Einbauschrank, doch es ist kein Kleiderschrank mehr. Es ist die Wohnung ihrer Tante Salwa in Kairo. Auch wenn sie nicht ganz genauso aussieht wie Tante Salwas Wohnung. Nicht ganz so aufgeräumt, dunkler, eng wie der Kleiderschrank. Ihr Cousin Khalid sitzt auf einem Stuhl, schaut aus dem Fenster. Nadia klettert auf seinen Schoß, er legt den Arm um sie, und seine Wange streift ihr Kinn. Sie fragt ihn wortlos, wonach er schaut, und er deutet nach unten auf die belebte Straße, zeigt ihr den Mann, der eine Hupe nutzt, um seine Zuckerwatte zu ver-

kaufen, einen anderen, der auf dem Gepäckträger vorne an seinem Fahrrad Pittabrot transportiert. Und Mrs. Hickson, die allein vor einem Tisch voller Schweinefleischpasteten steht, ein Tisch wie die, an denen Nadia in der Schule zu Mittag isst. Sie hält ihre Riesenzange in der Hand, ein Schild mit dem Jungen auf dem Skateboard zeigt den Preis an, achtzehn geteilt durch sechs Pence. Drei, sagt Nadia zu Khalid, drei Pence, doch Khalid scheint sie nicht zu hören. Niemand wird diese Pasteten kaufen, sagt er.

Nadia ist aufgewacht und hat Hunger. Im Haus ist es still und dunkel. Sie hat die BBC-Kindersendung verpasst, nicht gehört, dass Hamdy die Haustür aufgeschlossen hat. Sie hat das Abendessen verpasst. Sicher hat Lateefa Hamdy erzählt, dass Nadia krank ist, und plötzlich kommen ihr die Tränen, weil sie sich ausmalt, dass er sich Sorgen um sie gemacht hat. Er wird die Tür zu ihrem Zimmer geöffnet und sie im Schlaf betrachtet haben, so wie Eltern im Fernsehen das machen.

Morgen in der Schule werden die Kinder sie Spuck-Nadia nennen, werden Spuk-Nadia schreiben, abgekürzt S.N. Sie wird gekränkt sein und sich schämen. Sie wird hoffen, dass alle die ganze Sache vergessen, wie durch Zauber, als sei sie nie geschehen. Doch jetzt hat sie Hunger.

Sie geht ins Schlafzimmer ihrer Eltern. Sie kann Hamdy schnarchen hören. Lateefa wacht auf, schien gar nicht geschlafen zu haben, ist strahlend, hellwach und fröhlich, als habe sie auf Nadia gewartet. Sie hält die Wange ihrer Tochter an ihre eigene, um zu fühlen, ob sie Fieber hat.

Nadia legt ihren Arm um sie, und Lateefa sagt, sie geht Toast machen und schickt Nadia zurück ins Bett.

Nadia kann den Toast riechen, er riecht noch besser, weil die Nacht so ruhig ist, weil sie Hunger hat. Lateefa bringt den Toast mit Marmelade, und sie setzen sich beide in Nadias Bett und decken sich mit dem pink-orangen Quilt zu. Toast mit Erdbeermarmelade, süß und warm. Lateefa fühlt sich weich an, und Nadia schmiegt sich in ihre Arme; sie kann die Marmelade und das Brot riechen. Sie fragt sich, warum ihre Mutter in ihrem ärmellosen Baumwollnachthemd so schön aussieht, ganz anders als tagsüber, wenn sie Nadia aus der Schule abholt.

Sie kichern, macht nichts, dass die Krümel ins Bett fallen. Sie trinken Tee ganz ohne Milch. Keine Milch für einen verdorbenen Magen, sagt Lateefa. Der Teebecher ist zu heiß für Nadia, also hält Lateefa ihn für sie fest, während sie trinkt, Schluck für Schluck. Lateefa hatte ihr, vor einigen Tagen schon, ein kurzes Kapitel aus dem Koran beigebracht, *El-Ekhlas*, die Sure vom reinen Glauben, das Bekenntnis zur Einheit Allahs, und Nadia kann sie inzwischen auswendig. *»Im Namen Allahs, des Allerbarmers, des Allbarmherzigen. Sprich: Allah ist der alleinige, einzige und ewige Gott, der unwandelbare. Er zeugt nicht und ist nicht gezeugt; und kein Wesen ist Ihm gleich.«*

Lateefa gibt Nadia einen Kuss. »Kluges Mädchen, kein einziger Fehler. Wenn wir nach Kairo fahren, trägst du's Khalid und Tante Salwa vor, und sie werden sehr stolz auf dich sein.«

Nun nimmt Lateefa die leeren Becher weg, es ist Zeit zu schlafen. Während der Schlaf kommt, denkt Nadia, dass ihre Mutter wohl alle Dinge, die Nadia nicht tun sollte, verhext hat. Verhexte Schweinefleischpasteten, die Nadia, obwohl sie sie wollte, von sich aus verschmäht hatten.

Sieh zu, wie du heimkommst

Freitagnachmittag

Ein eigenartiges Gefühl, Tracy im Pflegeheim zu besuchen. Nadia verbindet das Wort eher mit kranken und alten Menschen, und Tracy ist noch nicht mal zwanzig. Doch da steht es in eleganten Goldbuchstaben, und während Nadia klingelt, fragt sie sich: »Was hätten sie auch sonst hinschreiben sollen?«

Behaglich, unauffällig reiht sich das Haus unter all die anderen in dieser Straße im Norden Londons. Ein altmodisches Tor, ein Vorgärtchen, und als sie das betritt, erkennt Nadia bereits den Garten hinter dem Haus, die Wäscheleine, den grünen Rasenmäher, der am Holzzaun zum Nachbargarten lehnt.

Tracy teilt sich ihr Zimmer mit drei anderen Frauen, und zwei Betten stehen leer. Heute ist nicht viel los, sagt die Schwester später. Die zwischen den Betten gespannten Vorhänge sind offen, und aus dem Fernseher hoch oben an der Wand strahlt Oprah Winfrey. Schikane ist das Thema des Tages. Leute, die in ihrer Kindheit schikaniert wurden, erzählen einem mitfühlenden Publikum ihre Geschichten.

Tracy im pinkfarbenen Nachthemd und mit strähnigem Haar ist ein wenig blass. Nein, jetzt tut es nicht mehr so weh; anfangs waren die Schmerzen groß. Wir waren der

Reihe nach dran. Ich war die erste, danach haben sie mich in einem Rollstuhl hierher gebracht.

Sie beschreibt Nadia die anderen Frauen im Zimmer. Die ältlich aussehende Dame ist Irin, Mandy oder Maggie; Tracy ist sich nicht ganz sicher. Ihr Mann sitzt mit auf ihrem Bett, sie amüsieren sich über die Talkshow. Die Dünne mit der Dauerwelle, Kay. Und die braungebrannte Blonde, die ist sogar aus Südafrika hierher gekommen. Sie war schon viel weiter als wir. Tracy flüstert; du kannst noch sehen, wie dick ihr Bauch ist. Und glaub mir, Nadia, ihr ganzes Bett war voll Blut.

Das Mädchen aus Südafrika hat Besuch, eine Freundin, die ähnlich aussieht wie sie und Blumen mitgebracht hat. Kays Freund erscheint kurz nach Nadia. Fett und widerstrebend wälzt er sich in den Raum, mit leeren Händen. Ich hätte Blumen mitbringen sollen, denkt Nadia. Doch dann tröstet sie sich mit dem Gedanken, dass, wenn sie gar nicht gekommen wäre, Tracy als einzige keinen Besuch bekommen hätte.

Hast du Kleingeld fürs Telefon?

Tracy nimmt zwanzig Pence und steht langsam auf, schleppt sich durchs Zimmer, sucht ihre Hausschuhe. Während sie auf die Tür zugeht, hält sie sich mit einer Hand den Bauch, und Nadia sieht dunkle Flecken auf dem Nachthemd ihrer Freundin.

Nadia hatte ihre Eltern belogen, um hier sein zu können. Ist doch klar. Was hätte sie ihnen sonst sagen sollen? Vor langer Zeit hatte Lateefa Tracy unbewusst auch noch Glanz verliehen, die Freundschaft zu ihr noch begehrenswerter gemacht. Diese Tracy hat keinen guten Einfluss auf dich. Hatte Lateefa gesagt. Lass sie ziehen. Vielleicht deutete sie den Strich Farbe auf Tracys Lippen und ihren viel sagenden Blick schon als schlechte Zeichen. Wenn Tracy einen kurzen Rock trug, schlug sie ihre nackten Beine nicht mehr nachlässig übereinander wie ein Kind, sondern mit der kühlen Berechnung einer erwachsenen Frau. Sie wird böse enden. Sagte Lateefa, und Nadia wusste, dass ihre Mutter Bilder der gefallenen Frauen aus ägyptischen Kinofilmen vor Augen hatte. Der zornige Onkel aus dem Süden des Landes, der seiner Nichte mit dem Gewehr im Anschlag auflauerte. Nur Blut konnte seine entehrte Familie reinwaschen. Und im wirklichen Leben, in der Stadt Kairo, in der es keine Gewehre gab, herrschte Schande. Lateefa sah die Schande. Für Männer ein Grund, sich von den Müttern ihrer Kinder scheiden zu lassen. Schwestern, die kein Mann zur Frau nimmt. Großmütter sterben vor ihrer Zeit, von der Last der Sorge erdrückt. Eines Mädchens Ehre ist wie ein Streichholz, einmal zerbrochen, unwiderruflich dahin.

Tracy hat keinen waffenstarrenden Onkel aus dem Süden. Ihr Vater wird sich deswegen nicht von ihrer Mutter scheiden lassen, weil er das bereits vor Jahren getan hat. Er lebt heute in Australien, und Tracy träumt davon, ihn dort eines Tages besuchen zu können. Sie sieht sich *Neighbours* im Fernsehen an, liebt diese Sendung wie besessen, besitzt drei Plüschkoalas.

Tracy bekam einen Anfall, als der makellose blaue Kreis auf dem Teststreifen erschien, den sie in ihren Morgenurin tauchte. Unfassbar; ihr konnte doch so was nicht passieren. Und heute Erleichterung; jetzt ist die Sache vorbei. Zeit, zur Normalität überzugehen, so zu tun, als sei gar nichts geschehen.

Ihre Mutter zahlte die zweihundertfünfzig Pfund, ohne zu murren. Dann packte sie ihre Koffer und fuhr mit Tracys Stiefvater und den Zwillingen zu einem Haustausch-Urlaub in den Schwarzwald. Die Reisepläne waren vor einer Ewigkeit gemacht, ein Haustausch will lange im Voraus geplant sein, und es war absolut unmöglich, abzusagen. Und wie Stiefpapa ganz richtig fragte: War es denn fair, dem Rest der Familie den Urlaub zu ruinieren, nur weil Tracy nicht aufgepasst hatte?

Und so wurde Tracy gestern beraten, wie es das Gesetz verlangte, wird heute im Pflegeheim übernachten und morgen ihr normales Leben weiterführen. Basta.

Weißen Abschaum haben sie mich genannt. Sagt Oprahs Gast und bricht in Tränen aus. Ein Raunen des Mitgefühls geht durch das Studiopublikum. Nur Oprah hat alles fest im Griff, rundlich und auf Hochglanz poliert. Weiche Pausbäckchen, fein frisiert, in ein gelbes Designerkostüm gezwängt.

Nun bekommt die Show neuen Schwung: Einstige Schikaneure werden Menschen gegenübergestellt, deren Kindheit sie ruiniert haben. Buhrufe und gehässiges Zischen unter den Zuschauern. Irisches Gelächter aus dem Bett in der Ecke. Nadia kann sehen, dass Maggie und ihr Mann Händchen halten. Zu Hause kann ich die Show nie sehen, sagt sie zu ihm. Zu der Zeit sehen die Kinder immer Kinderstunde im anderen Programm. Doch Nadia kann nicht lachen wie sie, ihre eigene Kindheit ist ihr noch zu nah. Sie ist bewegt von dem Schmerz, der ihr auf der Mattscheibe begegnet. Wurde sie schikaniert? Hat sie je andere schikaniert? Unangenehme Gedanken. Und wie kommt es, dass es nach so vielen Jahren so einfach ist, die Täter von ihren Opfern zu unterscheiden? Erwachsene Körper umhüllen die Kinder von einst. Die Jahre haben nichts geändert.

Er war nicht da. Tracy gibt Nadia die Münzen zurück. Komm, wir gehen nach oben. Hier dürfen wir nicht rauchen.

Oben ist ein heller Raum mit Blick vors Haus. Erkerfenster, Kissen rundherum, eine hohe Decke, ein Tablett mit Sandwiches, Kaffee, Tee, ein Kessel. Zeitschriften und Broschüren auf dem Beistelltisch, Poster an den Wänden. »Käme Sterilisation für Sie in Betracht?« ... »Die Pille danach. Lassen Sie sich von Ihrem Arzt beraten.«

Nadia beißt in ein Käsesandwich, macht Tee, blättert in den Broschüren. Was willst du denn jetzt benutzen, Tracy: »Progesteron-Spritzen, die Minipille, gering dosiert, Pessar?« Sie stellt Verhütungsmethoden zur Auswahl wie Mittagsgerichte auf einer Speisekarte.

Halt den Mund, Nadia.

Tracy zündet sich ihre zweite Zigarette an, und für einen Moment verleiht die Flamme ihren Gesichtszügen einen zarten Glanz, Tracy sieht aus wie gemalt, unwirklich. Sie bricht das Streichholz durch, bevor sie es in den Aschenbecher wirft.

Abgesaugt haben sie's. Laut abgesaugt und geschluckt hat es die Pumpe ... Die macht aber viel Lärm, hab ich zur Schwester gesagt. Eigentlich nicht, meinte sie, das kommt dir nur so vor. Nach all den Schmerzmitteln, die du genommen hast. Sie hat meine Hand gehalten und die ganze Zeit mit mir gesprochen, um mich abzulenken. Ich lag da und kam mir vor wie in einem Horrorfilm, wie bei einem dieser komischen Initiationsriten. *Der Inhalt deiner Gebärmutter*, so nannte sie's. So heißt das hier. So viele Worte für so ein winziges Bisschen.

Nach und nach kamen auch die anderen ins Obergeschoss. Mehr Zigaretten, Tee, Kaffee. Diese Sandwiches sind gut ... Ich hab solchen Hunger, das Abendessen hier war schrecklich. Ich hätte den Fisch nicht nehmen sollen ... Morgen bringen sie uns angeblich Frühstück ans Bett ... Wenn wir Rice Crispies kriegen, können wir von Glück sagen, wahrscheinlich gibt's eine Scheibe Toast mit Marmelade ...

In ihren Nachthemden, versorgt mit den unerwarteten Sandwiches, kommt fast Feststimmung auf.

So ein Schreck vor zwei Monaten, sagt Kay, meine Periode kam spät, fünf Tage zu spät. Komisch, wirklich. Letztes Jahr ist Bekannten von uns genau dasselbe passiert. Mein Freund war damals total dagegen, völlig unnachgiebig. Das ist einfach nicht richtig, hat er gesagt, und jetzt, wo er in derselben Lage steckt, ist es plötzlich doch in Ordnung. Wir kamen gestern Abend, er hat auch schon bezahlt, weil er mich heute Morgen nicht begleiten kann. Beinahe hätte ich's mir anders überlegt, das Haus hier war mir gar nicht geheuer.

Ich habe vier Kinder, sagt Maggie, und Asthma, und schaut euch meine Beine an, mit Krampfadern übersät. Ein fünftes hätt ich nicht gepackt. Ich musste aus Irland den weiten Weg hierher machen.

Und die goldene Schönheit war sogar aus Kapstadt gekommen. Die Gesetze in Südafrika sind so rückständig, sagt sie. Ich bleibe noch ein paar Tage in London. Ich war zwar schon mal hier, aber es gibt noch ein paar Sachen, die ich gerne sehen würde.

Ich habe getanzt wie sonst, bin gejoggt und ging weiter zum Aerobic-Unterricht. Am Wochenende waren wir Bergwandern. Kay lächelt zum ersten Mal. Ich dachte, vielleicht passiert was, aber mir ging's immer gut; nichts ist passiert. Mein Freund sagte dauernd, geh schneller, das kommt uns billiger.

Allgemeines Gelächter.

Nadia stellt sich vor, wie Freundchen Dick den Berg hoch hechelt. *Für zweihundertfünfzig Pfund könnten wir nach Mallorca.*

Das sagte meine Mutter auch, sie hat alles versucht, um mich loszuwerden. Sagt Tracy, und damals war das so schwierig. Sie lacht jetzt, hat Freude an der Unterhaltung, am Raum voller Rauch, daran, dass ihr Körper nicht mehr schmerzt wie zuvor.

Ich bin die U-Bahntreppen hochgestiegen, statt die Rolltreppe zu nehmen, steuert die Goldene Schönheit bei, auch wenn es nicht stimmt; doch sie möchte mitreden.

Nun prahlen sie mit ihrer Fruchtbarkeit, brüsten sich damit, wie stark der Blutklumpen sich in ihnen festgekrallt hatte. Das primitive Bedürfnis, die Gabe der Empfängnis zu feiern. Nur Maggie prahlt nicht.

Einige meiner Freunde waren deswegen so gemein zu mir, sagt Kay. Lass dich doch sterilisieren, hat einer zu mir gesagt. Stellt euch vor, so was zu sagen.

Noch gesteht sie es sich nicht ein. Kay wünscht, er hätte ihr einen Heiratsantrag gemacht, wäre bereit, sich zu binden. Wollte, dass er, als sie gestern Abend zum Pflegeheim schlichen, sich umdreht und sagt: Tu's nicht, vergiss es. Doch außerplanmäßige Vorkommnisse würden den Dicken nicht rühren, er würde sich nicht unterkriegen, sich nicht erweichen lassen.

Ich nehme mir eine Woche frei, fährt Kay fort, mag meine Arbeit sowieso nicht. Öder, langweiliger Job in der EDV. Sollen wir um halb zehn morgen früh hier raus? Er kommt mich um neun abholen.

Kay redet mehr als die anderen. Sie zieht angespannt an ihrer Zigarette, hat die dünnen Beine übereinander geschlagen, aufeinander gepresst.

Chris hat zu mir gesagt: Sieh zu, wie du heimkommst, Tracy, und Tracy lacht leicht verunsichert, schüttelt ihre rote Mähne. Chris ist mein Freund, fügt sie hinzu, obwohl es nicht nötig ist. Und war nicht da, als du ihn angerufen hast, denkt Nadia. Chris und Tracy. Vor Chris gab es einen Michael, vor Michael einen Ian. Vor langer Zeit waren Tracy und Nadia zwei kleine Mädchen mit gleichen Barbie-Puppen gewesen. Sie sahen gemeinsam *Blue Peter* im Fernsehen. Wenn sie sprachen, kamen die Worte spontan und unverblümt (»Dein Bauch ist braun ... Warum hast du rote Punkte auf der Nase?«). In der Schule stupsten sie einander so lange an, bis die Lachanfälle kamen, fanden Dinge lustig, über die sie allein nie gelacht hätten. Ein Mädchenstrumpf, des Hausmeisters Schnurrbart, ein einsames weißes Haar, das mitten auf Mrs. Hicksons Wange spross und vibrierte, wenn sie sprach. Ein Blickkontakt und Tracy fing an zu giggeln, sich die Hand vor den Mund zu halten und die Knie zusammenzupressen. Nadias unterdrücktes Lachen mündete in schrille Quiekser, ein stechender Kloß in ihrer Brust. Damals, nicht über Nacht, sondern nach und nach. Mit der Zeit wechselte Tracy über in eine andere Welt, trat ein in eine andere Dimension, weder erwachsen noch kindlich. Tracy übernahm den Code der Zeitschriften, maß ihre neue Welt in Freunden, Verabredungen mit Jungen, Partys und ersten Küssen.

Deine Eltern sind schrecklich, Nadia. Tu dies nicht, tu das nicht. Sie sind so unflexibel. Wir leben hier immerhin in London; hier sind die Leute frei, nicht wie in irgendeinem Dorf am Nil.

Kairo ist eine Stadt, eine moderne Großstadt. Meine Eltern haben nie in einem Dorf gelebt.

Tracy ist ein aufgeschlossenes junges Mädchen. Sie weiß, dass Menschen aus verschiedenen Kulturen kommen, sich unterschiedlich kleiden, scharf essen. Es hat ihr niemand gesagt, dass man die Welt durch verschiedene Brillen betrachten kann. Tolerant wie sie ist, dreht Tracy beim Thema Nadia nur die Augen gen Himmel und seufzt.

Magst du denn gar niemanden, Nadia? Was ist mit Ryan? Er mag dich. Von seiner Radtour in Wales aus hat er dir doch geschrieben.

Nein, der redet nicht; er ist zu schweigsam. Seine Schrift ist grauslich.

Dann eben Nadeem, der ist Moslem, der wäre deiner Mama sicher recht.

Ich mag nicht, wie er sich dauernd sein Haar aus der Stirn wirft.

In Nadias Leben gibt es zerknautschte Notizblätter, die sie aus einem Papierkorb gefischt hat. Ein Lächeln, als sie jemanden wiedererkannte vor mehr als einem Jahr, ein paar Sitzreihen weiter in einem Flugzeug. Viele Träume. All das verheimlicht sie Tracy, um den Zauber nicht durch Worte zu brechen. Unter Tracys verächtlichen Blicken würde aus Nadias Träumen nur dummes Geschwätz.

Vielleicht ist sie heute aus Schadenfreude hier. Um mit anzusehen, wie Tracy bestraft wird. Keusch und jungfräulich dasitzen, die Münzen für den erfolglosen Anruf wieder einstecken.

Nadia hat Gewissensbisse, weil sie so denkt, sie unterdrückt sie. Erinnert sich an ihre Freundschaft, gräbt tief nach Sympathie für Tracy. Und doch ist sie sich bewusst, wie überflüssig sie hier ist. Sie passt nicht in diesen Raum, die Einzige, die kein Nachthemd anhat, die Einzige, die keine ähnliche Erfahrung beitragen kann. Wieso ist sie dann hier, sogar über die Besuchszeit hinaus? Warum ist sie nicht schon nach Hause gegangen? Sie fühlt sich auf seltsame Weise wohl hier.

Die Krankenschwester erscheint mit Schlaftabletten. Geschwollene, laufende Nase, gedämpfte Stimme. Tut mir Leid, die Damen, ich bin stark erkältet.

Nur Maggie hat Platz, ihr Mitgefühl auszudrücken. Tracy giert nach den Tabletten. Sie hat keine Lust, ein zweites Mal zu telefonieren.

Für Nadia ist es Zeit, sich auf den Heimweg zu machen.

Nur ein paar Stationen mit der U-Bahn, sie braucht nicht umzusteigen und kommt doch ein wenig zu spät heim. Ich war in der Bibliothek, belügt sie ihre Eltern und spürt wieder die eigenartige Enttäuschung, weil sie ihr fraglos glauben. An jenem Abend isst sie nicht viel von dem Abendessen, das Lateefa gekocht hat. Sie ist noch zu satt von den Käsesandwiches.

Samstagmorgen

Freundchen Dick sitzt in seinem Auto und versperrt die Straße, als Nadia eintrifft. Fummelt an seinem CD-Player. Großes Auto, ein Granada. Freundchen Dick hat einen guten Job in der Stadt, eine hübsche Wohnung. Kay hält sie ihm schön sauber, schrubbt die Toilettenschüssel mit Desinfektionsmittel und bügelt ihm die Hemden besser als die Leute bei Sketchley.

Da kommt sie aus dem Haus, ein Flamingo im Quickstep. Leggings pink, Stöckelschuhe pink. Ein breiter Gürtel auf den Hüften, Brustwarzen, die sich aufreizend gegen die enge, hüftlange Jacke drängen. Sie zwinkert Nadia zwischen Mascara-Wimpern zu. Die Vertraulichkeit von gestern ist vergessen.

Drinnen im Haus hat sich die Atmosphäre verändert. Die Schwester zieht die Betten ab, hat tränende Augen und von Schnupftüchern ausgebeulte Taschen. Ich bin die Erkältung noch immer nicht los.

Die Goldene Schönheit steckt in prallen Blue Jeans, die Blumen an ihrem Bett welk und wertlos. Tracy wuselt durchs Zimmer, föhnt sich das Haar, sucht nach ihren Kontaktlinsen. Fröhlich jetzt, voller Energie, es drängt sie nach Hause. Heim zu Chris, sie hat einen Schlüssel zu seiner Wohnung. Ihr Zimmer daheim mit den Koalabären haben ja die Haustauscher aus dem Schwarzwald in Beschlag genommen.

Maggies Mann kam früh, teilte eine Scheibe Marmeladentoast mit ihr. Er trägt ihre Tasche. Hast du auch alles? Zahnbürste, Pantoffeln? Verliebt sind sie nicht mehr, die beiden. Sie sind friedlich abhängig voneinander. Im Gleichgewicht. Und er hatte in seinem Bed-and-Breakfast-Zimmer keine angenehme Nacht. Er war ganz erfüllt von Mitgefühl für sie, hatte wach gelegen zwischen klammen Laken, ungewohnten Gerüchen. Wusste nicht mehr zu sagen, wann er zum letzten Mal allein geschlafen hat.

Maggie hat Zeit, Nadia zu grüßen, sich von der Schwester zu verabschieden. Hat Platz für den Gedanken daran, welcher Luxus es für sie ist, weder die Betten noch das Frühstück für die Kinder machen zu müssen. Schön, mal wegzukommen von Zuhause. Beinahe wie Urlaub.

Nun gehen sie, um mit der Fähre zurückzufahren. Packen kleine Überraschungen für die Kinder ein: einen Stift mit Radiergummikopf, zwei winzige Londoner Taxis, einen Tower-Wächter als Puppe. Sie wissen, was sie in dem Pflegeheim zurückgelassen haben.

Und Maggie ist ein Musterbeispiel dafür, dass Frauen als irrational gelten. Mitten in Asthmaanfällen, die ihre Lungen auspressen, während sie ans Fenster stürzt, es aufreißt, um die eisige Nachtluft zu atmen, erinnert sie sich. Sie denkt, wie kommt das? Umringt von den anstrengenden Kindern, ausgelaugt vom Ärger über die unvernünftigen Ansprüche, die sie stellen, trauert sie still. Weint insgeheim dem süßlichen Geruch eines Lätzchens mit Orangenflecken nach, dem Prickeln in ihren Brüsten, wenn die Milch sich sammelt und herausspritzt, ein ganzer Mensch, den sie nie kennen lernen wird.

Auf der Straße frische Frühlingsluft für Nadia und Tracy. Tracy hat das Gefühl, schon zu lange nicht mehr draußen gewesen zu sein. Die Sonne ist ein wenig zu grell, der Verkehrslärm heftig. Die Mädchen gehen gemeinsam zur U-Bahn-Station.

Komm, ich trag dir die Tasche.

Lass nur, das geht schon.

Tracy scheint die Haltestelle zu weit entfernt. War sie gestern auch schon so weit weg? Ist sie erst gestern in die entgegengesetzte Richtung gegangen? Es scheint ihr so lange her, und sie spürt jetzt einen dumpfen, ziehenden Schmerz im Bauch. Sie muss sich ausruhen, sobald sie nach Hause kommt. Zwei Wochen, hatte man ihr gesagt, bis sie das Gefühl hat, wieder bei Kräften zu sein.

Außerhalb der Station zündet sie sich eine Zigarette an, lässt die Tasche fallen. Lehnt sich an die fleckige Mauer.

Fahr schon, warte nicht auf mich.

Schon gut, ich hab's nicht eilig.

Tracy ist nicht die Einzige, die außerhalb der Station raucht. Andere stehen wie sie, halten das Ritual ein, bereiten sich auf den Abstieg unter die Erde vor.

Was wirst du machen, den ganzen Tag?

Vielleicht fahren wir nach Islington.

Tracy lächelt beim »wir« in Nadias Satz. Nadia geht zusammen mit ihren Eltern häufiger weg als jedes andere Mädchen, das sie kennt. Nadia hat etwas Kindisches, Verwöhntes, aber verzogen ist sie nicht. Sie sieht wohlbehütet aus.

Wieso denn Islington?

Meine Mutter möchte dort eine Frau besuchen, die mit einem Studenten verheiratet ist. Alle Wohnheime und Wohnungen für Studenten sind in Islington.

Sie steigen die wenigen Stufen in die belebte Station hinab, kaufen Fahrkarten. Hierhin und dorthin wimmeln Menschen; Menschen beim Einkauf am Samstagmorgen, ältere Damen mit Einkaufswagen, Frauen mit Kinderwagen, junge Männer mit Walkman-Kopfhörern um den Hals. Die Fahrkarten werden geschluckt, Plastiktüren fliegen schwungvoll auf, die Fahrkarten werden wieder ausgespuckt. Auf und zu gehen die Türen, die Rolltreppen rattern und stöhnen, geriffelte Stufen gleiten abwärts wie der Rücken eines Stegosaurus.

Auf der Rolltreppe denkt Nadia, sobald ein Fuß die erste Stufe auf dem Weg nach unten berührt, gibt es kein Zurück mehr. Es ist schwierig, wieder nach oben zu laufen, auf jeder Stufe steht jemand; und von oben kommen einem Leute entgegen. Selbst bei menschenleerer Treppe sähe man lächerlich aus, wenn man's versuchen würde. Als sie jung war, spielte sie oft auf Rolltreppen in Kaufhäusern, ging mit Absicht gegen die Laufrichtung. Schnell die Aufwärts-Treppe runter, keuchend die Abwärts-Treppe rauf, bis jemand sie anhielt und das Spiel untersagte. Nun sieht sie das Gehäuse mit dem Notschalter, das zerknautschte rote Papier lädt nicht zur Berührung ein. Ein Knopfdruck würde dieses riesige ratternde Ungetüm zum Stehen bringen. Ein dramatischer Moment wäre das; durch den Ruck könnten Leute stürzen und sich verletzen.

Nadia hat das bisher nie erlebt. Jetzt, da sie hinter Tracy rechts in einer Reihe steht, während andere sie schnell links überholen, kann sie verstehen, warum niemand das Gehäuse berühren möchte. Man fürchtet sich davor, einen einmal in Gang gesetzten Prozess aufzuhalten.

Auf halber Strecke abwärts tritt ein Mann, der es eilig hat, Tracy auf den Fuß. Seine Aktentasche trifft sie am Knie. Tracy kommen die Tränen, und die Rolltreppe läuft weiter abwärts, bringt alle nach unten, unter die Erde. Weinend sieht Tracy alle Werbeplakate ineinander verschwimmen. Musicals, das neueste Album von Michael Jackson, Big

Mac. Nadia bemerkt die Tränen erst, als sie beide unten angekommen sind.

Was hast du?

Nichts.

Warum weinst du?

Weiß nicht.

Leute gehen vorbei. Die Schritte klingen wie ein endloser Marsch, der unermüdliche Lauf des Lebens. Nadia und Tracy sind als Einzige am Fuß der Rolltreppe stehen geblieben, wo eigentlich niemand stehen sollte. Heute ist noch nicht mal ein Straßenmusiker da, der die Station mit Liedern erfüllt. Die Leute entscheiden sich hier: links Richtung Norden, rechts Richtung Süden.

Nadia und Tracy sollten rechts abbiegen, der Frau mit den Perlen im Haar gen Süden folgen, dem Herrn in dem Tweedjacket, der seinen Sohn an der Hand hält, der alten Frau mit dem violetten Haar. Stattdessen bleiben sie stehen, und Tracy kramt mechanisch in ihrer Handtasche, erinnert sich an das Rauchverbot und gibt auf. Lehnt sich an die Mauer, wischt sich die Tränen mit dem Handrücken aus dem Gesicht.

Nadia nimmt alle Geräusche um sie herum, auch das geschäftige Treiben an der Station, bewusst wahr. Tracy weint, und Nadia denkt sich, jetzt haben wir sicher schon eine Bahn verpasst.

Tut dir was weh? Willst du zurück ins Pflegeheim?

Nein, bloß Krämpfe wie bei der Periode. Sie haben mir gesagt, dass ich die bekommen würde.

Das Mitgefühl für Tracy wird verdrängt von einer Erleuchtung. Nadia kann den tropfenförmigen silbernen Ohrring sehen, der sich an Tracys Ohrläppchen schmiegt, das verirrte Haar, das sich in ihm verfangen hat. Sie kann Tracys zerzauste Augenbraue erkennen, die Härchen, die wirr in alle Richtungen abstehen. Nadia kann Tracys Gebärmutter sehen. Verstört, ihr Mund weit geöffnet, ein volles rundes O. Sie murmelt, stößt Vorwürfe aus. Pulsschläge der Niederlage, Rückzug. Zusammenziehen, widerwillig, entspannen. Sie wirft weg, stößt ab, auch wenn nur noch wenig abzustoßen bleibt.

Der Versuch, mit Tracy Mitleid zu haben. Vielleicht weint sie Tränen der Reue, Kummertränen. Vielleicht bleibt sie hier unten, damit sie nicht zu ihm zurück muss. Zurück zu dem Chris, der gesagt hatte: »Sieh zu, wie du heimkommst, Tracy.«

Chris ist jünger als Tracy. Nur wenig jünger. Er fährt Pizza aus, mit dem Motorrad. Tracy findet ihn attraktiv in seiner Motorradkluft, attraktiver als ohne. Sieht besser aus mit Helm und all dem Schwarz in Leder. Chris vergisst manchmal seine Handschuhe mit einer Pizza, die er geliefert hat, und muss umkehren und bei den Kunden klingeln. Murmelt, um sie zurückzubekommen, tritt von einem Fuß auf den anderen. Seine Augen unstet hinter einer langen Haarsträhne. Er meint es nicht böse, wenn er Tracy sagt, sie soll zusehen, wie sie nach Hause kommt. Vor fünf Monaten hat er sie kennen gelernt.

Du kannst mit zu uns nach Hause kommen, sagt Nadia, bis deine Eltern wieder da sind. Oder vielleicht könnte mein Vater dir ein billiges Ticket besorgen, und du besuchst sie in Deutschland.

Nein, sagt Tracy, nein. Nadias Angebot überrascht sie. Sie versteht gar nicht, warum Nadia das überhaupt sagt. Komm, wir gehen.

Weitermachen ist einfacher als bereuen. Tracy ist wie der gefangene Dieb, der lediglich bedauert, dass man ihn geschnappt hat. Sobald sich die Schiebetüren öffnen, wird sie zu Chris nach Hause fahren und aufpassen, gut aufpassen, sich nicht wieder erwischen, schnappen und ins Pflegeheim stecken lassen.

Warum zweifeln an etwas, das einem Zeitschriften schmackhaft machen? Sie hatte eben Pech, weiter nichts. Draußen, direkt vor ihrer Nase, hängt ein Poster, noch erkennbar, während der Zug anfährt, ein schönes Paar, glücklich in der Sonne. Sie ist blond und braun gebrannt; sie trägt einen grünen Badeanzug. »Diesen Sommer sicher mit Durex«, lautet der Befehl. Also ist das Werbeplakat mit klarem Meer und Strand die Wahrheit, nicht die Absaugpumpe, laut und gierig.

Nadia denkt darüber nach, wie Recht und zugleich Unrecht ihre Mutter haben kann. In Tracys Familie gab es keine Gewehre und wohl auch keine Schande. Lateefas ägyptische Ängste sind in London fehl am Platz. Hier trat an die Stelle des rasenden Onkels ein Stiefvater, der in Urlaub fuhr, Wurst essen, Bier trinken und nachts ruhig schlafen konnte, während Tracy mit ihrem Schmerz allein blieb. Und Schande wurde ersetzt durch das Gefühl von Unannehmlichkeit, weggewischt durch eine einfache Nacht im Pflegeheim.

Einst hatte Nadia Tracy beneidet, hatte sie beneidet und an ihren Lippen gehangen, wenn sie von Chris sprach, von

Michael oder Ian. Sie fühlte sich damals kindisch, gemessen an Tracy, weniger wert, klein. Möchte sie sie auch jetzt noch beneiden, nachdem sie hinter die Fassade vermeintlicher Weltgewandtheit geschaut hat? Gewiss gab es im Pflegeheim keine Waffen, und dennoch floss Blut.

Für Freundschaften, die zu Ende gehen, gibt es keine Trauerrituale. Gibt es keine Tränen. Man ahnt nicht einmal, dass das Ende naht. Und so sitzen Nadia und Tracy vor der Frau im Sari, die die letzten Seiten eines Buches aus der Leihbücherei liest, vor dem Mann mit der tätowierten Nixe auf dem Arm, und versprechen, einander zu besuchen und zu telefonieren. An der Uni werden sie sich treffen nach den Osterferien. Tracy will einen Ferienjob beim Body Shop annehmen und wird Nadia davon erzählen. Nadia wird bei ihrem Vater im Reisebüro arbeiten; wird Tracy Broschüren über Australien mitbringen. Ehrlich gemeinte Versprechen, die sie nicht halten werden.

Drei Stationen später verabschiedet sich Nadia, lässt Tracy allein Richtung Süden, dann umsteigen und ostwärts weiter fahren. Allein kann Nadia schnell gehen, die Rolltreppe hinauflaufen. *Sieh zu, wie du heimkommst. Tracy.*

Nadia setzt sich in den kleinen Garten nahe der U-Bahn-Station und sieht einem Obdachlosen zu, der einen Papierkorb durchwühlt und dabei vor sich hin murmelt. Die Tauben will sie eigentlich nicht ansehen, schaut aber doch, damit der Obdachlose nicht denkt, dass sie ihn anstarrt. Die Tauben sind krank in diesem Garten; sie sind aufgebläht und träge. Sie wackeln umher und stopfen sich voll mit

Chipsresten und Zigarettenstummeln und all den Dingen, die zu essen sie nicht geschaffen wurden. Dicht an Nadias Füßen pickt eine Taube an der dunklen, blasigen Flüssigkeit, die aus einer Diet-Coke-Dose quillt. Nadia tritt fest mit dem Fuß auf, um das Tier zu verscheuchen, doch der Vogel schlägt seelenruhig einmal mit den Flügeln, gurrt und trinkt weiter.

Das Museum

Anfangs hatte Shadia nicht den Mut, ihn um seine Aufzeichnungen zu bitten. Der Ohrring machte ihr Angst; das glatte, lange Haar, das er mit einem Gummiband zusammenhielt. Einen Mann mit Ohrring und so langem Haar hatte sie noch nie gesehen. Doch diese Kälte und so viel Regen waren ihr ja auch völlig neu. Sein silberner Ohrring, Sinnbild des sonderbaren Westens, ein weiterer Kulturschock. Während der Vorlesung starrte sie ihn an, ihr Blick wanderte weg von den weißen Kreidekrakeleien an der Tafel. Meist verstand sie ohnehin kaum, worum es ging. Lediglich die Art der Darstellung war ihr vertraut. Doch wie hing alles miteinander zusammen? Wie führte *diese* Formel *dazu*? Ihr Unwissen und die bevorstehenden Prüfungen, Schrecken, denen sie entkommen wollte. Sein langes Haar, von unbestimmter Farbe, irgendwo zwischen gelb und braun, erinnerte Shadia an eine Puppe aus ihrer Kindheit. Stundenlang hatte sie diese Puppe gekämmt, ihr Haar gestreichelt. Sehnlich hatte sie sich solch glattes Haar gewünscht. Eines Tages, im Paradies, würde sie solches Haar haben. Beim Laufen würde es hinter ihr her wehen, wenn sie den Kopf neigte, würde es fallen wie Seide, die Blumen im Gras berühren. Shadia beobachtete, wie sich der Pferdeschwanz bewegte, während Bryan schrieb und dann wieder an die Tafel schaute. Plötzlich hatte sie ihre Puppe vor

Augen, ganz deutlich, nach Jahren, und fühlte sich elend, weil sie im Unterricht träumte, kein bisschen lernte.

In den ersten Semestertagen, zu Beginn des Hauptstudiums für den *Master of Science* in Statistik, fühlte sie sich wie von Riesenwellen hin- und hergeschleudert – niedergeschlagen, wenn sie zwischen den Hörsälen umherirrte, mit dem Fotokopierer nicht zurechtkam, in der Bibliothek nie fand, wonach sie suchte. Nur mit Mühe konnte sie hören, essen oder sehen. Ihre Augen, vor Angst aus den Höhlen getreten, tränten von der Kälte. Für das Seminar waren Grundkenntnisse nötig, ein Fundament, das ihr fehlte. Und so trieb sie dahin, gemeinsam mit den beiden anderen Studenten aus Afrika, den beiden jungen Türkinnen und den Männern aus Brunei. Während jenes Häuflein Elender aus der Dritten Welt auf den finsteren Korridoren Schottlands im Flüsterton von seinen Ängsten sprach, die Mädchen mit nervösem Kichern, erklärte Asafa, der kleine Äthiopier mit dem runden Gesicht und der tiefen Stimme: »Letztes Jahr, letztes Jahr hat sich ein Nigerianer genau in diesem Seminar umgebracht. *Hat sich die Pulsadern aufgeschnitten.*«

Wir und sie, dachte Shadia. Die, die es schaffen, und die, die kriechen und schwitzen und mit knapper Not bestehen würden. Eine Schicksalsgemeinschaft. Asafa, großzügig und klug (er war der Älteste), beugte sich zu Shadia und flüsterte: »Die Spanierin ist gut, sehr gut.« Seine Augen quollen noch stärker hervor als Shadias. Er ertränkte seine Ängste regelmäßig in der Unikneipe; sie hingegen weinte nur. Ihre beiden Heimatländer Nachbarn, Tür an Tür, doch er war nie im Sudan gewesen, Shadia nie in Äthiopien.

»Aber wir begegnen uns in Aberdeen!«, hatte sie beim Austausch dieser Information gequiekst und schrill gekichert. Kollektive Angst hatte durchaus euphorische Momente.

»Dieser Bryan«, sagte Asafa, »einfach brillant.«

»Der mit dem Ohrring?«

Asafa lachte und griff sich ans eigene schmucklose Ohr. »Der Ohrring sagt gar nichts. Bryan wird mit Auszeichnung bestehen. Er hat hier schon sein Grundstudium absolviert, war Jahrgangsbester. Er ist im Vorteil. Er kennt alle Dozenten, das ganze System.«

Und so kam Shadia auf die Idee, Bryan um die Aufzeichnungen für sein Vordiplom zu bitten. Wenn sie sich besser über stochastische Prozesse und Zeitreihen informierte, könnte sie den neuen Stoff sicher leichter bewältigen, mit dem man sie alle täglich bombardierte. Shadia beobachtete Bryan, um abzuschätzen, ob er ansprechbar war. Gemessen an den höflichen Studenten aus Malaysia besaß er überhaupt kein Benehmen. Er nuschelte, hatte eine schlechte Haltung und keinen Respekt vor den Dozenten. Er sprach mit ihnen wie mit seinesgleichen. Und dann seine alberne Art. Wenn er ein Stück Papier wegwerfen wollte, zerknüllte er es und zielte auf den Abfallkorb. Ging der Wurf daneben, grummelte er vor sich hin. Shadia fand ihn kindisch. Doch Bryan war der Einzige, dem sein Studium mühelos gelang.

Die Hochglanzbroschüre für ausländische Studierende hatte das »viel gerühmte britische Schutzgebiet« beschrieben und zwischen den Zeilen angedeutet, dass sie dankbar sein sollten, da die Zustände weiter südlich schlimmer wären, weniger »gastfreundlich«. Doch in der Cafeteria, beim Kaffee mit Asafa und den anderen, bot das »gastfreundliche Schottland« bereits ein ganz anderes Bild. Badr, aus Malaysia, flüsterte blinzelnd: »Gestern haben sie uns die Fensterscheiben eingeschlagen, heute hat meine Frau Angst, vor die Tür zu gehen.«

»Diebe?«, wollte Shadia wissen, ihre Augen größer als die der anderen.

»Rassisten«, sagte die Türkin, ihr Lippenstift chic, das Wort quoll aus ihr hervor wie Silber, wie Eis.

Weisheit aus Asafas Mund, mit gedämpfter Stimme, angesichts des kollektiven Schweigens: »Diese Leute denken, ihnen gehört die Welt ... « An den toten Kommilitonen aus Nigeria erinnert, schämten sie sich des Bruders, den sie nie gesehen hatten. Er war schwach geworden, hatte sich unterkriegen lassen. Bryan setzte sich in der Cafeteria nie zu ihnen. Und sie setzten sich nie zu ihm. Er saß allein, las manchmal die Lokalzeitung, lächelte nie, wenn Shadia an ihm vorbeiging. »Komisch, diese Leute ... Heute grüßen sie dich, und am nächsten Tag sagen sie kein Wort ... «

Am Freitagnachmittag, nach »Lineare Modelle«, als die meisten anderen schon auf dem Weg nach draußen waren, nahm Shadia all ihren Mut zusammen und sprach Bryan an. Er hatte Pickel auf Kinn und Stirn, war größer als sie, rastlos, schien auf dem Sprung. Er steckte seinen Taschenrechner zurück ins Etui, seinen Stift in die Jackentasche. Als Shadia ihn um seine Notizen bat, erntete sie aus den blauen Augen hinter seiner Brille den ausdruckslosesten Blick, den sie je gesehen hatte. Warum tat er so verblüfft?

Hielt er sie für ein Insekt? Überraschte ihn etwa die Entdeckung, dass sie sprechen konnte?

Er stammelte eine Antwort, ein Wortgewirr. Also war er tatsächlich erstaunt. Er schob seinen Stuhl mit einem Fuß zurück unter den Tisch.

»Bitte was?«

Und langsam, abgehackt jedes Wort: »Ich bringse dir Montag.«

»Vielen Dank.« Sie sprach besser Englisch als er! Wie armselig. Alles an ihm war armselig. Er trug jeden lieben langen Tag dasselbe Hemd. Grauweiß gestreift.

An den Wochenenden verließ Shadia das Studentenheim nie und sprach auch mit niemandem. Einzige Ausnahme die Ferngespräche von zu Hause. So blieb ihr Zeit, sich an die Abende in Khartoum zu erinnern, donnerstags. Mit Fareed zu einer Hochzeit fahren, in seinem roten Mercedes, oder in den Klub mit ihren Schwestern. Am Pool sitzen, eisgekühlte Limonade trinken, die Kellner ganz in Weiß. Manche Leute gingen abends schwimmen, tauchten durchs Wasser – dunkel wie der Himmel über ihnen. Hier, in diesem Land, war samstags und sonntags Wochenende, und Shadia wusch Wäsche und ihr Haar. Ihr Haar war ihr lästig. Durch das feuchte Wetter kräuselte es sich, auch nach der Prozedur mit der heißen Lockenschere. Inzwischen hatte sie sich geschlagen gegeben und trug es nur noch zu einem Knoten gebunden, streng aus dem Gesicht gekämmt, hielt die Locken mit Haarnadeln und Vaseline im Zaum. Shadia mochte weder diese Frisur noch ihr gewelltes Haar, und im Spiegel erschienen ihr ihre Augen zu groß. Auf dem Spiegel in der Gemeinschaftsdusche am Ende der Etage, auf der sie ihr Zimmer hatte, war zu lesen: »Hier sehen Sie das Gesicht eines HIV-Infizierten.« Sie hatte ihrer Schwester von diesem Spiegel geschrieben, so fremd und sensationell wie Hagel und Autos, die links fuhren. Doch dass der Spiegel ihr das Gefühl gab, sie hätte ihr gutes Aussehen in Khartoum zurückgelassen, hatte sie verschwiegen.

An Wochenenden führte Shadia auch Buch über ihre Ausgaben: genug Pfund Sterling, um zu Hause eine ganze Familie am Leben zu erhalten. Und dennoch könnte es sein, dass sie, trotz dieser Unsummen, ihre Prüfungen nicht bestehen, mit leeren Händen und ohne Uni-Abschluss heimkehren würde. Schuldgefühle, so kalt wie der Nebel dieser Stadt, überkamen sie von überall her. Einmal hatte sie vergessen zu beten. An der Bushaltestelle war ihr eingefallen, dass sie nicht gebetet hatte, und jener Morgen war verlaufen wie der Alptraum, der sie manchmal heimsuchte und in dem sie entdeckte, dass sie ohne Kleider auf der Straße stand.

Am Abend, Shadia brütete über mehrdimensionalem Skalieren, klingelte das Telefon auf dem Flur. Sie lief zum Apparat. Fareeds fröhliche Begrüßung: »Hier, Shadia, Mama und die Mädchen wollen dich sprechen.« Warme Worte seiner Mutter: »Die Leute sagen, es ist so kalt dort bei dir…«

Shadia war mit Fareed verlobt. Sie würde ihn im Familienpack bekommen, Lizenzbetrieb für 7Up, Papierfabrik, ein großes, fast fertiges Haus, zwei Schwestern und eine verwitwete Mutter inklusive. Shadia würde sie alle heiraten. Sie würde glücklich werden und auch ihre Mutter glücklich machen. Ihre Mutter hatte Glück verdient nach all dem Unheil in ihrem Leben. Ein Mann, der sie einer anderen Frau wegen verlassen hatte. Sechs Töchter musste sie damals großziehen. Die Leute hatten Mitleid mit ihrer Mutter. Sechs Mädchen auf die Schule schicken und schließlich gut verheiraten. Doch Gott bewies Großmut: eine Tochter schöner als die andere, so hieß es oft. Und gescheit obendrein: Zahnärztin, Apothekerin, Architektin, und alle wohlerzogen.

»Wir kommen gerade von der Baustelle«, nun war Fareed wieder am Apparat. »Es geht gut voran, sie verlegen schon die Fliesen ...«

»Gut, sehr schön«, Shadias Stimme ungewohnt, weil sie tagsüber mit niemandem gesprochen hatte.

»Die Badezimmerausstattung. Wenn ich sie für alle in einer Farbe nehme, für uns und für die Mädchen und Mama, dann krieg ich sie billiger. Blau, die Mädchen sind für blau«, hallte seine Stimme von Kontinent zu Kontinent. Meilenweit weg.

»Blau ist schön. Ja, nimm sie am besten alle in einer Farbe.«

Er baute zwei Apartments, kein Einfamilienhaus. Die Wohnung im Erdgeschoss für seine Mutter und die Mädchen, bis zu deren Hochzeit, den ersten Stock für sich und Shadia. Bei der Verlobung war Fareed noch der Sohn eines reichen Herren, der nicht nur die Lizenz für 7Up besaß, sondern auch die Papierfabrik, mit dem Monopol für Damenbinden. Fareeds Schwestern mussten nie Binden kaufen, sie hatten *Pinky* im Überfluss, frisch vom Fließband. Doch Fareeds Vater starb unerwartet an einem Herzinfarkt, kurz nach der Verlobungsfeier (fünfhundert Gäste im Hilton). Und nun bekam Shadia den reichen Herren persönlich. »Du hast großes, großes Glück«, so die Worte ihrer Mutter, und Shadia hatte sich Seife in die Augen gerieben, damit Fareed glaubte, sie vergoss Tränen über den Tod seines Vaters.

Am Telefon war keine Zeit, über ihr Seminar zu sprechen, kein Raum für ihre Ängste. Fareed interessierte sich nicht für ihr Studium: »Ich bin sehr tolerant und weltoffen«, hatte er gesagt, »ich erlaube dir, im Ausland zu studieren. Andere Männer würden das nicht mit sich machen lassen ... «

Ihre Mutter wollte, dass sie studierte, ihr Studium in Großbritannien fortsetzte, um nach der Hochzeit an ihre Karriere zu denken. »Dadurch«, hatte ihre Mutter ihr eingeschärft, »verschaffst du dir den Respekt deiner Schwiegereltern. Sie haben zwar Geld, doch du hast den Titel. Du darfst nicht so enden wie ich. Ich bin damals von der Schule abgegangen, um deinen Vater zu heiraten und jetzt ... « Am Ende vieler Gespräche stand die Verbitterung ihrer Mutter, stand ihr Satz: »Niemand leidet so sehr wie ich«, und jedes Mal war Shadia deprimiert. Nachts hörte sie ihre Mutter schluchzen, Laute, die sie und ihre Schwestern um den Schlaf brachten.

Nein, das Ferngespräch ließ keinen Raum für ihre Nöte. Über das schottische Wetter reden, sich ausmalen, wie stark Fareed schwitzte, wie sehr sein Hemd über seinem Bauch spannte. Oft hatte sie ihn gedrängt abzunehmen, ohne Erfolg. Seine Mutter kochte zu gut; seine Schwestern waren beide zu dick. Klatsch aus Khartoum per Ferngespräch, wie ein Hörspiel im Radio.

Am Montag schob Bryan ihr über den Tisch zwei Ordner zu, wortlos, als wolle er ihr nicht zu nahe kommen, nicht mit ihr sprechen. Es lag ihr auf der Zunge zu sagen: »Ich nehme sie erst an, wenn du sie mir gibst, wie es sich gehört.« Stattdessen bemerkte sie spitz: »Vielen Dank.« *Sie* hatte Manieren. *Sie* wusste, was sich gehörte.

In ihr Zimmer, an ihren Schreibtisch zurückgekehrt, entdeckte Shadia die schönste Handschrift ihres Lebens. Die Seiten nicht zu eng beschrieben, fein säuberlich. Klare, gleichmäßige Schwünge, wie Kinderschrift. Die ordentlichsten Notizen, die sie je gesehen hatte. Shadia kamen die Tränen, sie weinte, ohne Grund. Weinte so lange, bis eine der Seiten nass wurde, die Tinte verlief, eine Formel verschwamm. Sie tupfte das Papier mit einem Taschentuch trocken, doch es wellte sich und wurde durchsichtig. Sollte sie sich für den Fleck entschuldigen, sagen, dass sie Wasser getrunken hatte, sagen, er sei vom Regen? Oder sollte sie ihn einfach verschweigen, hoffen, Bryan würde nichts sagen? Sie war wütend auf sich selbst. Warum machte sie so viel Aufhebens darum? Ihn kümmerte es ja auch nicht, dass er jeden Tag dasselbe Hemd anhatte. Sie sollte ihn nicht so wichtig nehmen. Diesen unreifen Eigenbrötler. Wahrscheinlich stammte er aus einer Kleinstadt, aus armen Verhältnissen, Unterschicht. In Khartoum pflegte sie mit solchen Leuten keinen Umgang. Ihre Mutter sah es gerne, wenn sie sich mit Freunden aus den besseren Kreisen umgab. Wie sonst sollten sie und ihre Schwestern zu guten Partien kommen? Sie musste sich zusammenreißen und die Notizen durcharbeiten, statt über dieser Bubenhandschrift Tränen zu vergießen. Seine Schrift hatte nichts mit ihr zu tun, nicht das Geringste mit ihr zu tun.

Wer plötzlich versteht, was ihm lange schleierhaft war, der sieht Nebel sich lichten, sieht, wie Bilder scharfe Konturen bekommen, fehlende Bauteile einrasten, sieht, wie Bruchstücke Form annehmen und sich zu einem vollständig stimmigen Ganzen fügen, ein solides Fundament ergeben, eine Ausgangsbasis. Aus Bryans Unterlagen schöpfte Shadia, was ihr fehlte, füllte ihre Wissenslücken. Sie kämpfte sich durch seine Aufzeichnungen, überflog sie nicht einfach, aus Unverständnis, sondern sog sie auf, machte sie sich zu Eigen, bis sie in der Konzentration langer, tiefer Nächte jedes Bewusstsein für Raum und Zeit verlor und schließlich im Schlaf zu Epsilon und Gamma wurde, zu einer Zufallsvariablen, die im diskreten Raum ihren Weg fand von »i« nach »j«.

Mit ihm zu sprechen schien völlig normal. Als sei er ihr, nachdem sie nun Stunden und Tage mit seiner Handschrift verbracht hatte, vertrauter geworden. Sie vergaß, wie gekränkt sie war, als er ihr seine Ordner über den Tisch hinweg zugeschoben hatte, wie oft er sie nicht gegrüßt hatte.

Im Computerraum, nach dem Seminar über Statistikpakete, ging sie zu ihm und sagte: »Danke für die Notizen.

Sie sind wirklich gut. Ich glaube, mir ist vieles klar geworden. Es könnte sogar sein, dass ich jetzt die Prüfungen bestehe.« Shadia war müde und dankbar, ihre Augen trocken nach den vielen durchwachten Nächten.

Er nickte und sie sprachen kurz über die Poisson-Verteilung, Warteschlangentheorie. Er hatte völlig klare Vorstellungen, sein Gehirn glich einer Glasscheibe, auf der alle Theorien und Begriffe groß und deutlich dargestellt waren. Heute schien er weniger verlegen im Gespräch mit ihr, auch wenn er noch immer nervös von einem Fuß auf den anderen trat und ihrem Blick auswich.

Er fragte: »Magst ’n Kaffee trinken gehen?«

Sie hob den Blick und sah ihn an. Bryan war groß, ihr fehlte es an Erfahrung im Gespräch mit Menschen, die blaue Augen hatten. Und so beging sie einen Fehler. Vielleicht unterlief er ihr, weil sie letzte Nacht zu lange wach geblieben war, vielleicht auch aus anderen Gründen. Shadia machte den Fehler, die Ebenen zu wechseln.

»Dein Ohrring gefällt mir nicht.«

Dieser Ausdruck in seinen Augen, sein Blick starr, nicht länger unstet. Bryan griff nach seinem Ohrring und nahm ihn ab. Ohne das Silber sah das Ohrläppchen rot aus und wund.

Shadia kicherte, aus Angst, weil er nicht lächelte, kein Wort sagte. Sie presste eine Hand vor den Mund und wischte sich mit der anderen über Stirn und Augen. Sie hatte einen Fehler gemacht, es gab kein Zurück mehr. Und so preschte sie weiter vor, ohne Rücksicht auf Verluste: »Deine langen Haare gefallen mir nicht.«

Er drehte sich um und ging.

Am nächsten Morgen »Multivariate Analyse«, und sie kam zu spät, mit zerzaustem Haar, weil sie durch den Regen gehetzt war. Der Professor, sie wusste nicht genau, wie er hieß (es gab drei MacSoundsos), lächelte, unbeeindruckt. Hier waren alle Dozenten lässig elegant, trugen Tweedjacketts und blank geputzte Schuhe. Manchmal fragte Shadia sich, ob Bryan, in seiner unaufgeräumten Art, sich je zum Professor wandeln könnte, falls er überhaupt eine akademische Karriere einschlagen wollte. Doch was ging sie das an?

So wie die meisten Kommilitonen saß sie in jeder Vorlesung auf demselben Platz. Da Bryan in der Reihe vor ihr saß, hatte sie stets sein Haar vor Augen. Doch das war abgeschnitten, da war kein Pferdeschwanz mehr, nur sein Nacken und der grauweiß gestreifte Hemdkragen.

Notizen machen. *In der Diskriminanzanalyse dient eine lineare Kombination von Merkmalen als Grundlage für die Klassifizierung von Objekten in Gruppen …*

Shadia bestand aus Schichten. Irgendwo im Inneren, tief drinnen, unter der harten Schale ihrer Eitelkeit, in ihrer unberührten Seele, glühte sie vor Ehrfurcht, war demütig und dankbar und dachte, für mich allein, nur meinetwegen hat er sich die Haare abgeschnitten. Doch es gab auch andere Schichten, dickere, dichter an der Oberfläche. Shadia kicherte, hätte zu gern einer Freundin berichtet. Stell dir vor, was passiert ist. Du rätst bestimmt nie, was dieser Idiot gemacht hat!

Einen gewichteten Mittelwert der Merkmale finden … Die Gewichte werden so geschätzt, dass sie die beste Trennung zwischen den Gruppen ergeben.

Nach dem Seminar kam er zu ihr und sagte, sehr ernst, ohne zu lächeln: »Hab mir die Haare geschnitten.«

Ein Teil von ihr schüttete sich aus vor Lachen, trällerte: »Du dummer Junge, du Dummerchen, das seh ich doch, ich bin ja nicht blind, oder?«

Sie sagte: »Es sieht gut aus.« Die falschen Worte. Sie wurde rot und zwang sich, wegzuschauen, um seine Reaktion nicht zu sehen. Doch sie musste zugeben, die Frisur stand ihm tatsächlich; endlich sah er passabel aus.

Gleich am Eingang, als sie noch ihre Becher Kaffee in Händen hatten und nach einem freien Tisch Ausschau hielten, hätte sie Bryan sagen sollen: »Komm, wir setzen uns zu Asafa und den anderen.« Fehler über Fehler. Am anderen Ende der Cafeteria sah die türkische Kommilitonin sie zusammen und hob ihre perfekt geschwungenen Augenbrauen. Badrs Blick kreuzte Shadias, und er schaute sofort weg. Shadia musterte Bryan, er hatte sich verändert, sah anders aus ohne seinen Ohrring und seinen Pferdeschwanz, wie verwandelt. Wenn er jetzt seine Pickel noch mit Zitronensaft ... Doch was ging sie das an? Vielleicht sahen sogar die Jungs, die bei Badr die Scheibe eingeschlagen hatten, so aus wie Bryan, mit stechenderem Blick, ohne Brille. Shadia musste ihn wegstoßen. Er sollte sie unsympathisch finden.

Er wollte wissen, wo sie herkam, und als sie antwortete, fragte er: »Wo ist das denn?«

»Afrika«, sarkastisch. »Weißt du wenigstens, wo das ist?«

Hinter den Rändern seiner Brille liefen seine Nase und seine Wangen rot an. Gut so, dachte sie, gut. Jetzt wird er mich in Frieden lassen.

Er antwortete: »Dass der Sudan in Afrika ist, weiß ich schon, ich meinte, wo genau in Afrika?«

»Im Nordosten, südlich von Ägypten. Woher kommst *du*?«

»Peterhead. Nördlich von hier. Am Meer.«

Es schien schwer vorstellbar, dass nördlich von Aberdeen überhaupt noch etwas sein könnte. Shadia fühlte sich hier wie am nördlichsten Ende der Welt. Und inzwischen wusste sie auch, dass sie sich unter »am Meer« weder Sonnenbad noch Sandstrand vorzustellen hatte. Eher düsteren Himmel, blasse, schlecht gelaunte Leute an steinigen Stränden, bibbernd vor Kälte.

»Arbeitet dein Vater in Peterhead?«

»Aye, ja.«

Shadia war mit dem korrekten Englisch des BBC World Service groß geworden und musste bei ihrer Ankunft in Großbritannien feststellen, dass die Leute hier »ja« so aussprachen wie zu Hause im Arabischen »aye«.

»Was macht denn dein Vater?«

Bryan schien verblüfft, seine blauen Augen verrieten seine Überraschung: »Mein Vater ist Tischler.«

Solche Leute stellte Fareed auf der Baustelle an, kommandierte sie herum.

»Und deine Mutter?«

Er hielt kurz inne, rührte mit einem Plastiklöffel Zucker in seinen Kaffee. »Die verkauft Lollipops.«

Shadia grinste in ihren Kaffee, trank einen Schluck. »Mein Vater«, verkündete sie stolz, »mein Vater ist Arzt, Facharzt.« Ihr Vater war Gynäkologe; seine jetzige Frau eine ehemalige Patientin. Vor dieser Heirat hatten Shadias Freundinnen sich über die Arbeit ihres Vaters lustig gemacht, derbe Witze, über die Shadia damals lachte. Doch heute schienen sie ihr schäbig.

»Und meine Mutter«, Shadia trug dick auf, »stammt aus einer sehr großen Familie. Von königlichem Geblüt. Wenn ihr Briten uns nicht kolonisiert hättet, wäre meine Mutter heute eine Prinzessin.«

»Du gehst wie eine Prinzessin«, sagte Bryan.

Wie dumm, wie leichtgläubig, dieser Junge! Shadia fuhr sich mit der Hand über die Stirn: »Ich bin stolz und eingebildet, meinst du?«

»Nein, das hab ich nicht gemeint, nein ... « Das Päckchen Zucker rutschte ihm beim Aufreißen aus der Hand, der Inhalt ergoss sich über den Tisch. »Ah shit ... 'tschuldige ... « Beim Versuch, die Zuckerkrümel wegzuwischen, stieß er gegen seinen Becher und der Kaffee schwappte über.

Shadia zog ein Taschentuch aus ihrer Tasche, beugte sich vor und wischte den Fleck weg. Mit dem feuchten Tuch ließ sich auch der verstreute Zucker leicht aufnehmen.

»Danke«, murmelte Bryan, dann schwiegen beide. In der Cafeteria herrschte Hochbetrieb; die vielen Menschen im Gespräch miteinander füllten den Saal mit geschäftigem Summen und Brummen, mit Lärm von Tabletts und Geschirr. In Khartoum vermied Shadia es, mit Fareed allein zu sein. Sie hatte es lieber, wenn andere dabei waren: Verwandte, die vielen gemeinsamen Freunde. Wenn sie je mit Fareed allein war, stellte Shadia sich immer vor, ihre Mutter oder ihre Schwestern leisteten ihr Gesellschaft, könnten sie hören, und sie sprach mit Fareed im Bewusstsein dieses Publikums.

Bryan sagte etwas zu ihr, redete vom Rudern auf der Dee. An Wochenenden ging er rudern, war Mitglied in einem Ruderklub.

Shadias Disziplin war das Einschmeicheln, das hatte sie gut trainiert. Leuten zu gefallen war gar nicht schwierig. Ihnen beipflichten, niemals das Gespräch dominieren, sparsam sein mit der Wahrheit. Und nun hatte sie jemanden vor sich, bei dem sie diese Strategie völlig außer Acht lassen konnte.

Sie belehrte ihn: »Der Nil ist viel eindrucksvoller als die Dee. Ich hab sie gesehen, deine Dee, die ist doch nichts, kaum mehr als ein Rinnsal. Es gibt übrigens zwei Flüsse mit Namen Nil, den Blauen und den Weißen, benannt nach ihren Farben. Sie entspringen im Süden, an zwei verschiedenen Stellen. Kilometerweit fließen sie durch Länder mit vielen Namen, ohne zu ahnen, dass sie sich eines Tages begegnen werden. Ich glaube, sie sind die Einsamkeit irgendwann leid, der Weg zum Meer ist so weit. Sie wollen das Meer erreichen, um sich endlich auszuruhen, nicht weiterfließen zu müssen. In Khartoum steht eine Brücke, unter der werden die beiden Flüsse zu einem. Von dieser Brücke aus kann man sehen, wie sie sich vermischen.«

»Hast du manchmal Heimweh?«, fragte Bryan. Shadia war erschöpft nach so viel Gerede über den Fluss, der fließt, bis er sich im Meer ausruhen kann. So hatte sie noch nie geredet. Luxusworte. Und jetzt diese Frage.

»Dinge, die ich vermissen sollte, vermisse ich nicht. Stattdessen vermisse ich Sachen, von denen ich nie gedacht hätte, dass sie mir eines Tages fehlen würden. Der *Azan*, mit dem die Muslime von der Moschee aus zum Gebet gerufen werden, ich weiß nicht, ob du davon gehört hast. Der fehlt mir. Früher wurde ich wach davon, bei Sonnenaufgang. Ich hörte ›Das Gebet ist besser als der Schlaf‹ und schlief gleich wieder ein. Ich bin nie aufgestanden, um zu beten.«

Sie senkte den Blick, betrachtete ihre Hände auf dem Tisch. Geständnisse brachten keine Erleichterung, nur sein Lächeln, jung, und einen Anflug von Staunen in seinen Augen.

»Wir hatten Islam als Schulfach«, sagte er. »Ich bin nach Mekka gepilgert.« Er öffnete seine Handflächen auf dem Tisch.

»Was!«

»In 'nem Buch.«

»Ach so.«

Der Kaffee war getrunken. Sie könnten gehen. Vor der nächsten Vorlesung sollte Shadia in der Bibliothek noch alte Examensarbeiten fotokopieren. Asafa, hilfsbereit wie er war, hatte ihr gezeigt, wo sie sie finden würde.

»Welcher Religion gehörst du an?«, fragte sie.

»Weiß nicht, keiner, glaub ich.«

»Wie furchtbar! Das ist doch schrecklich!« Ihre Stimme war zu laut, betroffen.

Er wurde wieder rot und klapperte mit seinem Löffel nervös gegen den Kaffeebecher.

Alle Höflichkeit über Bord werfen, sie musste sich unbeliebt machen bei ihm. Noch vor dem Vorfall mit der zerschlagenen Scheibe hatte Badr beteuert, hier im Westen hassen sie den Islam. Während Shadia aufstand, um zu gehen, fragte sie Bryan schnippisch: »Warum wirst du nicht einfach Muslim?«

Er zuckte die Achseln: »Nach Mekka würd ich schon gern gehen, das Buch war interessant.«

Shadia schossen Tränen in die Augen, Bryans Gesicht verschwamm, als er aufstand. Im Westen hassen sie den Islam und er... Sie sagte: »Danke für den Kaffee«, und ging, doch Bryan ließ sich nicht abschütteln.

»Shadiya, Shadiya«, er sprach ihren Namen falsch aus, machte aus zwei Silben drei, »hier gibt's ein Afrika-Museum. Ich war noch nie drin. Wenn du Lust hast, morgen...«

Schlechtes Gewissen, schlechter Schlaf, sie hätte sagen sollen, nein, ich muss zu viel nachholen. Schlechtes Gewissen, unsanftes Ruhekissen, Erinnerungen, Heimsuchungen von einem anderen Kontinent. Die neue Frau ihres Vaters, glücklicher als ihre Mutter, sorgloser. Wenn Shadia sie besucht, reicht sie Obst in einer Glasschale, eisgekühlte Orangen und Guaven, erfrischend bei der Hitze. Shadias Vater hatte keine Scheidung gefordert, hatte sie nicht verlassen wollen, er wollte zwei Frauen statt einer Scheidung. Doch ihre Mutter war zu stolz, stammte von reichen Vorfahren, aus einer Familie, die einen »Namen« hatte. Ihre Mutter nennt die neue Frau eine »Schlampe, Hure, Abschaum, ein Nichts«.

Sie müsste morgen ja nicht unbedingt ins Museum gehen, obwohl sie zugesagt hatte. Sie hätte Bryan sagen, beiläufig erwähnen sollen, dass sie verlobt war. Was erwartete er überhaupt von ihr? Europäer leben nach anderen Regeln, pflegen reduzierte, raue Sitten. Wenn Fareed wüsste ... ihre geheimen Gedanken wie Schlangen ... Vielleicht war sie ja wie ihr Vater, eine Verräterin. Ihre Mutter bezeichnete ihren Vater als unaufrichtig. Auch Shadia konnte unaufrichtig sein. Wenn sie mit Fareed im Auto unterwegs war, sagte sie mit Absicht: »Ich muss im Laden vorbei, wir brauchen Sachen für zu Hause.« Im Laden bezahlte er ihre Einkäufe, woraufhin sie beteuerte: »Nein, nicht, du bist zu großzügig, du bringst mich in Verlegenheit.« Von dem so ersparten Geld kaufte sie ihrer Mutter eine Bluse, Nagellack für ihre Mutter, eine Zeitschrift, teure Äpfel aus dem Ausland.

Es war völlig ungewöhnlich für sie, an einem Samstag vom Schreibtisch aufzustehen, ihr Zimmer abzuschließen und auszugehen. Auf dem Flur klingelte das Telefon. Fareed am Apparat. Wenn er wüsste, wohin sie auf dem Weg war ... Ihr schlechtes Gewissen steckte ihr in der Brust wie ein hart gekochtes Ei. Ein großes kaltes Ei.

»Shadia, bitte kauf Badezimmerarmaturen. Wasserhähne und Handtuchhaken. Ich schicke dir eine Liste, damit du genau weißt, was ich brauche, und Geld ...«

»Ich kann nicht. Das geht nicht.«

»Was heißt das, du kannst nicht. Jedes größere Kaufhaus hat ...«

»Es geht nicht, ich wüsste gar nicht, wo ich die Sachen unterbringen soll, wie soll ich sie denn verschicken?«

Ein Rascheln am anderen Ende der Leitung, und sie konnte jemanden flüstern hören, Fareed war abgelenkt, bei der Arbeit um diese Zeit, Glasflaschen füllten sich mit klarer, sprudelnder Flüssigkeit, 7Up in Englisch und Arabisch auf dem Etikett, weiß auf dunkelgrünem Grund.

»Kauf gute Qualität, Sachen, die es hier nicht gibt. Gold wäre gut. Das passt zu …«

Gold. Goldene Toilettensitze!

»Leute, die von goldenen Tellern essen, schmoren dafür in der Hölle, und du willst auf Gold sitzen!«

Fareed lachte. Er war es gewöhnt, seinen Kopf durchzusetzen, ließ sich nicht leicht aus der Ruhe bringen. »Machst du dich lustig über mich?«

»Nein.«

In leiserem Ton: »Das Gespräch kostet …«

Ja, ja, schon verstanden. Er hätte sie nicht gehen lassen sollen. Sie verkraftete die ganze Sache nicht, kam mit dem Stress nicht zu Rande. Ihr ging es wie dem Studenten aus Nigeria.

»Goldfarben, Shadia, nicht aus Gold. Das sieht elegant aus.«

»Allah wird uns strafen dafür, das ist nicht richtig …«

»Seit wann bist du denn so gläubig!«

Bryan erwartete sie auf der Treppe vor dem Museum, sah vertraut aus im fremden Grau der Großstadtstraßen, auf denen Autoscheinwerfer schon mitten am Tag eingeschaltet waren. Er trug ein anderes Hemd, ein marineblaues Jackett. Ohne sie anzusehen sagte er: »Ich dachte schon, du kommst nicht mehr.«

Der Besuch im Museum war kostenlos, niemand verkaufte Eintrittskarten. Bryan und Shadia gingen über weiche Teppiche, dicke blaue Teppiche, und Shadia hätte gern ihre Schuhe ausgezogen. Gleich zu Beginn trafen sie auf einen Schotten aus viktorianischer Zeit. Er saß auf einem Stuhl, umgeben von Beutestücken aus Afrika: überquellende Truhen, eine alte Landkarte, ausgebreitet am Boden der Vitrine. Dieser und die übrigen Schaukästen spendeten das einzige Licht im Raum, reflektiert vom gewachsten Fußboden. Shadia wandte sich ab; dieses wirre Haar, täuschend echt, dieser entschlossene Gesichtsausdruck, der Mann wirkte hässlich, so wie er dasaß. Ein Held, weit gereist und heimgekehrt, reich beladen, bereit zum Rapport.

Bryan begann, jede Vitrine eingehend zu studieren, las alle Informationstafeln an den Wänden. Shadia folgte ihm, fand ihn wissbegierig, aufmerksam. Deshalb gelang ihm sein Studium auch so gut. Sie beobachtete, wie aufmerksam er sich ansah, wozu sie sich überwinden musste: Tafeln lesen, Informationen aufnehmen. Außer den Seminaraufgaben hatte sie lange nichts gelesen. Doch sie nahm sich zusammen, sagte die Worte leise vor sich hin, bewegte die Lippen ... *»Im 18. und 19. Jahrhundert hatte der Nordosten Schottlands unverhältnismäßig großen Einfluss auf die übrige Welt, denn von hier aus zogen zahlreiche Menschen hinaus, erfahren und ihrer Sache verpflichtet. Ihrem Königreich ergeben, gaben und nahmen sie, veränderten andere, wurden selbst verändert. Und nicht selten kehrten sie mit greifbaren Beweisen für ihre Reisen heim.«*

Die greifbaren Beweise hatten Shadia und Bryan nun vor Augen, konserviert, über all die Jahre hinweg. Shadia betrachtete die Gegenstände, zusammenhanglos verstreut, fehl am Platz, aus ihrer Zeit gerissen. Eisen und Kupfer, Statuetten. Nichts hier war von ihr, nichts von alledem gehörte zu ihrem Leben zu Hause, nichts, was sie vermisste. Hier lag Europas Vision, Klischees von Afrika; kalt und alt.

Das trübe Licht und die gedämpfte Stille hatte sie nicht erwartet. Außer ihnen hielt sich nur ein Mann mit Aktentasche hier auf, und eine Frau, die sich Notizen machte; vielleicht waren ja im zweiten Stock noch Besucher, die sie von hier aus nicht sehen konnte. Ein Elektrogerät brummte, eine Heizung vielleicht, oder die Beleuchtung, ähnlich einer Klimaanlage, und so fühlte sich Shadia wie in einem Flugzeug ohne Fenster, von der Außenwelt abgeschnitten.

»Er sieht aus wie du, findest du nicht?«, sagte sie zu Bryan. Sie standen vor dem Porträt eines Soldaten, der im ersten Jahr des 20. Jahrhunderts sein Leben gelassen hatte. Es lag an seiner Haarfarbe, an den Augen. Doch Bryan gab keine Antwort, war nicht ihrer Ansicht. Er konzentrierte sich auf die Bildunterschrift. Als sie genauer hinsah, erkannte Shadia, dass sie sich getäuscht hatte. Bryan fehlte dieser ausdrucksstarke Blick, diese Entschlossenheit. Die Menschen damals glaubten tatsächlich fest an ihre Sache.

Biografien von Entdeckern, ausgebildet in Edinburgh. Sie wussten, was es nach Afrika mitzunehmen galt: Ärzte, Mut, das Christentum, Handel, Zivilisation. Sie wussten, was sie heimbringen wollten: Baumwolle – bewässert vom Blauen Nil, vom Sambesi. Shadia ging hinter Bryan her, spürte seine Konzentration, sein ernsthaftes Interesse für das, was er sah, und dachte: »Auf einem Foto würden wir nicht gut zusammen aussehen.«

Sie berührte die Scheibe einer Vitrine, in der Papyrusrollen lagen, kupferne Töpfe. Sie presste Stirn und Nase gegen das kühle Glas. Sie wäre in diesem Kasten kein schönes Ausstellungsstück. Fehl am Platz wäre sie, zu modern, randvoll mit Mathematik.

Nur der Teppich, petrolblau, gefiel ihr. Shadia war in dieses Museum gekommen und hatte Licht erwartet, Fotografien des Nil, etwas, das ihr Heimweh lindern würde: einen Trost, ein Zeichen. Doch die Zeichen galten nicht ihr, weder ihr noch ihresgleichen. Ein Brief aus Westafrika, 1762, der Brief eines Bediensteten an seinen Auftraggeber in Schottland. Ein Angestellter, der im Tausch für europäische Waren afrikanische Kuriositäten erstand. *»Es war nicht leicht, den Eingeborenen verständlich zu machen, was ich wollte, selbst mit einem Dolmetscher nicht. War dies doch ein Ansinnen, das man nur selten an sie herantrug. Schließlich aber schaffte ein jeder etwas herbei, und sie lachten herzlich über mich und fanden, ich sei ein guter Mensch, ihr Land so sehr zu lieben ...*

Mein Land so sehr lieben. Shadia sollte nicht hier sein, hier war nichts für sie. Shadia wollte Minarette sehen, Boote, zerbrechlich, auf dem Nil, Menschen. Menschen wie ihren Vater. Wie oft hatte sie in seinem Wartezimmer gesessen, inmitten schwangerer Frauen, voll banger Erwartung, weil sie ihn in wenigen Minuten sehen würden. Sein Sprechzimmer, die Klimaanlage und der Geruch seiner

Pfeife, sein weißer Kittel. Wenn sie ihn umarmte, konnte sie sein Mundwasser riechen, Listerine. Er merkte sich nie, wie alt sie war, was sie studierte. Wie sollte man bei sechs Töchtern auf dem Laufenden bleiben? Für Shadia bedeutete seine Verwirrung Freiheit, viele Spiele, Neckereien. Sie besuchte seine Klinik heimlich, belog ihre Mutter. Shadia liebte ihren Vater mehr als ihre Mutter, die alles für sie tat, ihr Zimmer aufräumte, ihr Kleider aus Burda-Heften nähte. Shadia war fünfundzwanzig und ließ ihre Mutter noch all ihre Wäsche waschen, mit der Hand, Schlüpfer und Büstenhalter inbegriffen.

»Ich weiß, warum sie weg sind«, sagte Bryan, »kann verstehen, warum sie sich auf die Reise gemacht haben.« Endlich sagte er ein Wort. So ergriffen hatte sie ihn bisher nicht erlebt. Er sprach leise: »Sie mussten weg, raus hier...«

»Dem scheußlichen Wetter entkommen«, machte Shadia sich lustig über ihn. Sie wollte ihn demütigen. Er schien Helden zu sehen in den Imperialisten, die ihre Geschichte mit Füßen getreten hatten.

Bryan schaute sie an. »Abhauen«, wiederholte er.

»Das war doch in ihrem eigenen Interesse«, gab Shadia zurück, »Leute gehen weg, weil sie sich Vorteile davon versprechen.«

»Ich will weg«, sagte Bryan.

Shadia erinnerte sich an seine geöffneten Handflächen auf dem Tisch in der Cafeteria und an seine Worte. »Ich bin nach Mekka gepilgert«, hatte er mit stolzer Stimme erklärt.

»Ich hätte woanders studieren sollen«, fuhr er fort. »In einer andern Stadt, irgendwo im Süden.«

Ihr gegenüber war er im Vorteil, haushoch. Sie kämpfte und rackerte sich ab für einen Fetzen Papier, der ihr bescheinigte, dass sie an einer britischen Universität einen M.Sc. erworben hatte. Er aber setzte hier einfach seine Ausbildung fort.

»Hier, schau dir das an«, sagte er und legte die Hand auf ihren Arm. Niemand hatte sie bisher berührt, nicht, seit sie ihre Mutter zum Abschied umarmt hatte. Seit Monaten war sie nun schon in diesem Land, und niemand hatte sie berührt.

Sie zog ihren Arm weg, lief schnell die Treppe hoch. Metallstufen klapperten unter ihren Schritten. Sie lief weiter nach oben, ins nächste Stockwerk. Gewehre, eine Batterie Gewehre, auf sie gerichtet. Die hatten nur darauf gewartet, sie wegzupusten. Schottische Feuerwaffen, Jahrhunderte alt, im Dienste des Empire.

Silberne Gewehrläufe, heute schmutzig grau. Unter der Sonne der fernen Länder von einst hatten sie sicher prächtig gefunkelt. Wenn sie Shadia nun wegpusteten, wohin würde sie fliegen, wo zu Boden gehen? Ein Fenster gab den Blick frei auf den feindlichen Himmel. Shadia zitterte trotz der Wolle, die sie trug, trotz der Kleiderschichten. In der Hölle lodert nicht nur Feuer, dort herrscht auch Eiseskälte, Eisfolter und Schnee. Schottlands Winter gibt eine Vorstellung von dieser unsichtbaren Welt, ihr Hauch dringt hier bis in die Knochen.

Shadia setzte sich auf eine Bank. Keine Menschenseele in diesem Stockwerk. Sie war allein mit Skizzen von Dschungeltieren, mit Wörtern an den Wänden. Ein Diplomat fern der Heimat, in Äthiopien 1903; Asafas Heimat, lange bevor Asafa auf der Welt war. *»Es ist schwer, sich etwas auszumalen, das größere Befriedigung böte oder mehr lohnte als eine Löwenjagd. Wir ritten zurück zum Lager in einem Gefühl der Zufriedenheit. Archie hatte völlig Recht, als er feststellte, dass wir erst jetzt zum ersten Mal richtig in Afrika gewesen seien – im wahren Afrika der Dschungel, bevölkert allein von wilden Tieren, und Ebenen mit Antilopenherden, so weit das Auge reicht.«*

»Shadiya, wein doch nicht.« Er sprach ihren Namen noch immer falsch aus, weil sie ihm nicht gesagt hatte, wie sie richtig hieß.

Er setzte sich neben sie auf die Bank, das verschwommene Blau seines Jacketts verdrängte die Gewehre, die Umrisse der Antilopenherden an der Wand. Sie sollte ihm erklären, dass ihr leicht die Tränen kamen, kein Grund zur Beunruhigung. Seine Frage unbeholfen: »Warum weinst du?«

Er wusste ja nichts, verstand nichts. Er war völlig der Falsche, kein Ersatz ...

»Nichts als Lügen in diesem Museum«, sagte Shadia. »Glaub ihnen kein Wort. Nichts hier stimmt. Nicht Dschungel und Antilopen, sondern Menschen. Wir haben Computer und Autos. Bei uns in Afrika gibt's 7Up, und manche Leute, ein paar wenige, haben sogar goldene Badezimmerarmaturen ... Ich dürfte nicht hier sein mit dir. Du solltest gar nicht mit mir reden ...«

»Museen ändern sich, ich kann mich ändern ...«, wandte er ein.

Er wusste ja nicht, wie steil dieser Pfad war, für den ihr die Kraft fehlte. Er hatte ja keine Vorstellung. Tausend Dinge, Jahre und Landschaften, tiefe Gräben. Wenn sie stark gewesen wäre, hätte sie erklärt, wäre nicht müde geworden, zu erklären. Geduldig hätte sie ihm eine neue Sprache beigebracht, geschwungene Buchstaben wie Epsilon und Gamma, die ihm aus der Mathematik vertraut waren. Sie hätte ihm gezeigt, dass man Wörter von rechts nach links lesen konnte. Wenn sie im Museum nicht kleinmütig gewesen wäre, sondern stark, dann hätte sie die Reise nach Mekka wirklich gemacht, nicht nur in einem Buch.

Majed

»Was machst du da?« Hamid sah sie nur verschwommen, denn er hatte seine Brille nicht auf. Konturlos stand sie über die Küchenspüle gebeugt, hielt die Flasche in der Hand. Was hatte diese Flasche in ihren Händen zu suchen? Wie hatte sie die entdeckt? Er hatte sie spät gestern Nacht hinter den Videokassetten versteckt, hinter *Enter the Dragon*. Er hatte sein Glas gründlich ausgespült, hatte mit ASDA Protect gegurgelt und war dann zu ihr ins Bett gekrochen, leise, sehr darauf bedacht, weder sie noch die beiden Jüngsten zu wecken. Majed schlief in seinem Kinderbett in der Ecke, der Säugling zwischen Ruqiyyah und ihm im Doppelbett, damit sie das Kind nachts stillen konnte. Nachts, wenn Hamid auf die Toilette musste, bemühte er sich, niemanden zu wecken, was ihm hin und wieder misslang, wenn er an Majeds Bett stieß oder über ein Spielzeug stolperte. Einmal, und um ein Haar wäre es zu spät gewesen, fand er sich nachts nicht auf der Toilette, sondern mitten zwischen den Schuhen wieder, die am Wohnungseingang verstreut lagen. Das weinende Baby hatte ihn schließlich vollends aus dem Schlaf gerissen.

»Ruqiyyah, was machst du da?« Er sollte sich auf sie stürzen, ihr in den Arm fallen, bevor es zu spät wäre. Wertvolles Zeug, das sie da wegzukippen drohte. Doch der gesamte Haushalt versperrte ihm den Weg. Ein Haufen Wäsche, der in die Maschine musste, das Baby, zusammengesunken in seinem Sitz am Boden. Eingecremt und zart war sie, trug winzige Handschuhe, um sich nicht zu kratzen. Auch der Küchentisch stand ihm im Weg. Majed saß singend in seinem Hochstuhl, mit Haferbrei bekleckert, klopfte mit seinem Löffel auf den Tisch; Sarah redete auf ihn ein, kaute Toast dabei. Robin schob sich Rice Crispies in den Mund und starrte währenddessen auf die Schachtel; Snap, Crackle und Pop schwirrten durch die Luft und Sachen, die man bestellen konnte, falls die Eltern einem Geld dafür gaben.

Ruqiyyah stellte die Flasche ab. Allerdings nur, weil Teller und Babyfläschchen in der Spüle standen. Sie begann, sie abzuspülen, Wasser spritzte durch die Gegend.

Ruqiyyah warf Hamid einen Blick zu und schüttelte den Kopf.

Hamid grummelte. Er war froh, dass er ihre Augen nicht sehen konnte, ihre blauen Augen, in denen wahrscheinlich Tränen standen. Sie war nicht immer schon Ruqiyyah, war eine andere Person gewesen, hatte einen gewöhnlichen Namen getragen, hieß einst so, wie ein Mädchen an einem Schalter der Bank of Scotland auch heißen könnte. Als sie zum Islam übertrat, änderte sie ihren Namen und verließ ihren Mann. Robin und Sarah waren nicht Hamids Kinder. Ruqiyyah hatte Hamid Horrorgeschichten über ihre erste Ehe erzählt. Sie hatte nur wenige Details ausgelassen. Das, was Hamid über ihren Exmann erfuhr, hatte ihn fast erschlagen. Hamid hatte Gavin zwar nie kennen gelernt (der sich für Ruqiyyah, Robin und Sarah nicht die Bohne interessierte und sie auch nicht mit einem einzigen Penny unterstützte), doch er verfolgte Hamid in seinen schlimmsten Träumen. Am meisten fürchtete er, Gavin könnte in die Wohnung stürmen, ihn rütteln, bis ihm die Brille aus dem Gesicht fiel: »Du widerlicher Nigger, *lass die Finger* von meiner Familie.«

»Ruqiyyah, warte, ich muss meine Brille holen.« Er sah seine Kinder an. Dann wanderte sein Blick zurück zu Ruqiyyah. Er zog eine Grimasse. Nachdem die Kinder fertig gefrühstückt und sich vor den Fernseher und die Kinderstunde zurückzogen hatten, war Gelegenheit zu reden. Wenn Robin dabei war, war das nicht möglich. Robin war inzwischen alt genug, Dinge zu verstehen, zu begreifen. Ein empfindsames Kind. Hamid zauste ihm das Haar, machte eine lustige Bemerkung über Snap, Crackle und Pop. Robins Lächeln ermutigte ihn, weiter zu spielen. Er gab immer den Clown, wenn er angespannt war. Hinter Hahaha ließen sich Probleme verbergen. Hahaha hatte Räder, war wie ein Skateboard, auf dem man rollend Reißaus nehmen konnte.

»Ich hole meine Brille.« Er stolperte davon. Ohne seine Brille kam er nicht aus. Die Brille würde ihm Selbstvertrauen geben. Er würde reden können, erklären. Ruqiyyah war so gut, so stark, weil sie konvertiert war. Er aber war von Geburt an schon Muslim und sah – das musste einfach mal gesagt werden – die ganze Sache lockerer. Falsch, ja, es war falsch. Das würde er nicht bestreiten. Nicht vor Ruqiyyah. Stattdessen würde er sagen ... er würde erklären, dass auf einer Skala (immerhin war er Wissenschaftler und kannte sich aus mit Skalen), ja, auf einer Skala aller verbotenen Dinge dieser Fehltritt nicht ganz so schlimm war, nicht so tragisch. Es gab Schlimmeres, viel Schlimmeres, die schweren Vergehen, die großen: Schwarze Magie, Ehebruch, Misshandlung der Eltern (eines jener schrecklichen Dinge, die Gavin getan hatte – *er hatte seine alte Mutter durchs Wohnzimmer geschubst* –, soll er in der Hölle schmoren deswegen, bis in alle Ewigkeit und darüber hinaus). Hamid würde erklären ... Wenn er erst seine Brille aufhätte und die Welt wieder Konturen hätte, würde er es erklären. Menschliche Schwächen und so weiter, und Allah, der Allerbarmer, der alles verzeiht. Genau. Eine tragikomische Grimasse. Ein leises Hahaha. Ruqiyyah könnte das Argument der Verzeihung entkräften. Er musste auf der Hut sein. Sie würde entgegnen, dass man erst bereuen musste, bevor einem verziehen wurde. Und sie hätte Recht. Natürlich. Absolut. Er hatte die besten Absichten, Reue zu üben. Die *besten* Absichten. Aber nicht jetzt, nicht in dieser Minute, nicht heute. Ein paar Tage noch, dann wären einige Dinge geregelt, nach dieser Flasche, nach seiner Promotion, wenn er eine anständige Arbeit gefunden hätte und nicht mehr abends bei ASDA arbeiten müsste.

Er fand seine Brille am Bett, zwischen der Babylotion und der Zinksalbe und dem Lebertran. Kaum hatte er sie aufgesetzt, war ihm wohler, er konnte sich besser konzentrieren, hatte mehr Kontrolle. Hier im Zimmer hatte Ruqiyyah noch nicht aufgeräumt. Es lagen Windeln auf dem Boden, zusammengerollt und schwer. Allerdings hatte sie das Laken von Majeds Kinderbett schon abgenommen. Auf der mit Plastik überzogenen Matratze waren weiche Cartoonfiguren abgebildet. Hamid fischte den Gebetsteppich zwischen den Windeln vom Boden auf und ließ ihn auf das ungemachte Ehebett fallen. Er öffnete das Fenster, damit stickige Luft nach draußen und frische Luft hereingelangen konnte. Draußen ein weiterer grauer Tag, braune Blätter über alle Gehwege verstreut. Ein Windstoß verregneter Luft, ein Augenblick der Besinnung. *Subhan Allah*, wer hätte je gedacht, dass er, Hamid, geboren und aufgewachsen an den Ufern des Blauen Nil, hier enden würde, mit einer schottischen Frau, die eine bessere Muslimin war als er? Grund war sein Aufenthaltsvisum, um sein Problem mit dem Innenministerium ein für alle Mal zu lösen. Ein Freund hatte ihn damals angesprochen, nach dem Freitagsgebet (er ging tatsächlich hin und wieder zum Freitagsgebet, ganz so schlecht war er also nicht), und hatte ihm von Ruqiyyah erzählt, die gerade zum Islam übergetreten war, zwei kleine Kinder hatte, einen Mann brauchte, der für sie sorgte. Und du, Hamid, brauchst eine Aufenthaltserlaubnis ... Also, warum nicht? Ha ha. Sieht sie gut aus? Ha ha. In Hamids Leben hatte es Zeiten gegeben, in denen er Weiße nur auf Kinoleinwänden gesehen hatte, und nun sollte er unter einem Dach mit einer von ihnen leben? Warum nicht? Er putzte sich erwartungsfroh die Zähne, sprühte sich mit Old Spice ein, rüstete sich mit seinem fröhlichen Lachen und war bereit, den dreien entgegenzutreten. Robins schüchternes Gesicht, der Blick eines gebrannten Kindes. Eine Frau durchschnittlicher Größe, bange, strahlend blaue Augen, das Haar mit einem schwarzen Tuch bedeckt, sehr konservativ gekleidet, ungeschminkt. Er atmete erleichtert auf, als er sah, dass sie nicht so schlank war wie die meisten Europäerinnen. Stattdessen weich wie seine eigene ferne Mutter, wie ein Mädchen, das er einst an der Universität von Khartoum begehrt hatte, für ihn unerreichbar. Und wenn bei diesem ersten Treffen Ruqiyyas Charme mit Absicht verborgen blieb, so trat er in ihrer einjährigen Tochter unverkennbar zu Tage. Sarah ein einziges Lächeln, gelbes lockiges Haar, reckte die Arme, wollte getragen, wollte beachtet werden. Nach der Unbeholfenheit ihres ersten Treffens, viel Hahaha, Robins Wutanfällen, verzweifelten Späßen, wurde Hamid schließlich ernst. Er betrat den stetigen Raum unterhalb des Lachens. Er verliebte sich in alle drei, in ihre blassen, sehnsüchtigen Gesichter, in das Feuer, das in ihnen schwelte. Das Aufenthaltsvisum, das er brauchte, die Sicherheit, die sie suchte, schienen nicht länger gierig oder gefühllos. Und beide wurden sie mitgerissen von den Kindern, seinen eigenen Kindern, die bald folgten, auf die Welt purzelten, mühelos. Vor zwei Jahren Majed, vor drei Wochen das Baby. In der Schule, wenn Ruqiyyah und Majed Robin abholten, wollte niemand glauben, dass sie Brüder waren. Ruqiyyah und ihre Kinder: zwei Europäer, zwei Afrikaner. Die anderen Mütter vor der Schule beäugten sie misstrauisch, lächelten zu höflich. Doch Ruqiyyah konnte die anderen Mütter ertragen; sie hatte sehr viel Schlimmeres erlebt. Einmal war sie vor Gavin in ein Frauenhaus geflüchtet, hatte mit Ratten gelebt, und Robin hatte, jung wie er war, einen Nervenzusammenbruch erlitten.

Hamid musste die Küche erreichen, bevor sie den Johnny Walker in den Ausguss kippte. Er war wütend. Sein

Geheimnis war gelüftet und, einmal ans Tageslicht gebracht, für immer aufgedeckt. Wie unfair von ihr. Wenn sie etwas vermutete, warum hatte sie nicht darüber hinweggesehen, warum hatte sie nach Beweisen gesucht? Einfach ungerecht. Seine privaten Augenblicke, spät abends, mit sich selbst allein, die Kinder im Bett, Ruqiyyah im Bett. Das weiche Sofa für ihn ganz allein, ein Glas Whisky in der Hand, seine Aufmerksamkeit gefesselt von flimmernden Fernsehbildern – Kung Fu, Football, Sumo-Ringer, Prinz Naseem, der jemanden verdrosch. Recht war alles, was dabei half, die Doktorarbeit, die schmachvollen Stunden des Bodenputzens bei ASDA, die anstrengenden Kinder auszublenden. Fröhliche Sendungen, nur keine Nachrichten, auf keinen Fall Nachrichten. Das Letzte, was er nachts um diese Zeit vertragen konnte, war das Leid seiner Brüder und Schwestern in der Westbank. Seine ganz persönlichen warmen Momente, der kleine Mann auf der Johnny-Walker-Flasche. Der kleine Mann hieß Johnny, ein gewöhnlicher Kerl, der zu Fuß ging, einherschritt mit seinem Zylinder, ein Walker, Johnny Walker. Vielleicht wurde er auch als Fußgänger, als fröhlicher Wandersmann dargestellt, *weil* er Johnny Walker hieß. Ein interessanter Gedanke zwar, doch letztendlich unerheblich, und genau das war es, was Hamid wollte zu dieser Nachtzeit. Dinge, die unerheblich waren. Manchmal nahm er seine Brille ab, ließ das Fernsehen verschwimmen, verschwamm selbst, wurde ein undeutliches, warmes, liebenswert unklares Etwas. Unscharf, konturlos. Indem man Dinge verschwimmen ließ, machte man sie erträglich, man kam damit zurecht. Seit wie vielen Jahren war er nun Doktorand? Bloß nicht zählen, Mann, nicht zählen. Auch Lachen funktionierte, um Dinge zu entschärfen. Hahaha. Seine Doktorarbeit würde so nicht angenommen werden. Er müsste, so sein Doktorvater, *sie strecken, ausführlicher werden*. So, wie sie jetzt war, brauchte die Arbeit *mehr Fleisch auf den Knochen*. Bei ASDA gab es Fleisch in rauen Mengen, reihenweise. Wenn er unter den Regalen sauber machte, zitterte er vor Kälte. Nicht genug Fleisch auf den Knochen. Johnny Walker war schlank, hatte überhaupt kein Fleisch auf den Knochen und war trotzdem akzeptiert, erfolgreich, schritt wacker und strahlend weiter, voller Zuversicht. Warum sollte ein Mann mit einer unvollendeten Doktorarbeit, einem demütigenden Job bei ASDA nicht ab und zu abends aufbleiben, sich vor dem Fernseher niederlassen und versacken. Absaufen in der Wärme des Whiskys und der seichten Berieselung aus dem Fernseher. Wenigstens ab und zu?

Majed stürzte ins Zimmer. Er jauchzte, als er Hamid auf dem Bett sitzen sah. »Majed, sag *Salaam*, gib mir die Hand.« Hamid streckte die Hand aus. Majed nahm die Faust aus dem Mund und legte sie, vor Spucke triefend, in Hamids Hand. Dann deutete er auf sein Kinderbett, das verwandelt aussah ohne Bettlaken. Ruqiyyah wechselte die Bettwäsche nicht oft. Majed ging zu seinem Bett und stieß überraschte Laute aus. Er steckte die Hände durchs Gitter und tätschelte die Cartoonfiguren auf der Plastikmatratze. »Mami wäscht dein Laken. Bald bekommst du ein ganz frisches Laken«, sagte Hamid. Die beiden hatten nur selten Gelegenheit, miteinander allein zu sein. Hamid hob Majed hoch, schlang die Arme um ihn, nahm ihn auf den Schoß. Er liebte dieses Kind sehr. Liebte seinen Geruch, seine Rundlichkeit, seine dichten Löckchen und die breite Stirn. Majed war ein Stück von ihm selbst, ein reineres Stück von ihm selbst. Und diese Liebe war ein Geheimnis, denn für Robin und Sarah empfand er nicht dieselbe Liebe. Um Majed hatte er Angst, Angst, die ihm die Kehle zuschnürte, während er bei Robin und Sarah ruhig und aufmerksam war. Er träumte von Majed. Majed vom Bus überfahren, und Hamid, der vor Schmerz schrie, Schmerz, der tief saß, der sich in Schluchzern Luft machte, dann Ruqiyyahs Stimme, ihre Hand auf seinen Wangen, was ist los, was hast du, und die Welle der Scham mit der ruhigen Kühle beim Erwachen. Tut mir Leid, entschuldige, ist schon gut, schlaf weiter. Je stärker seine Liebe für Majed und das jüngste Kind wurde, desto liebevoller ging er mit Robin und Sarah um. Er durfte nicht ungerecht sein. Ruqiyyah durfte nie das Gefühl haben, dass er seine Kinder Robin und Sarah vorzog. Dieser Moment war kostbar, allein mit Majed, unbeobachtet. Er warf ihn hoch, und Majed jauchzte und lachte. Er stellte ihn aufs Bett und ließ ihn laufen, springen, vom Bett aus in seine ausgestreckten Arme fliegen. Dann fiel ihm Ruqiyyah in der Küche wieder ein. Der Gedanke trübte seine Freude. Er schickte Majed zu Sarah und Robin vor den Fernseher (die Wohnung war schon erfüllt vom nasalen Geplapper der *Rugrats*), und ging zurück in die Küche.

Ruqiyyah räumte den Küchentisch ab; die Jüngste schlief in ihrem Kindersitz am Boden. Mit Brille sah Hamid die

Whiskyflasche nun deutlich. Zu zwei Dritteln leer, zwei Drittel ... Er erschrak, so viel ... oder hatte sie etwa schon einen Teil weggekippt? Nein, noch nicht. Er wusste, was sie tun würde. Erst würde sie Ordnung in der Küche machen, würde alles Geschirr spülen und wegräumen, würde dann den Inhalt der Flasche mit theatralischer Geste in die leere Spüle schütten.

Zuerst machte sie Majeds Hochstuhl sauber. Ihr Haar fiel ihr in die Stirn. Sie trug eine Schürze mit Bugs-Bunny-Motiven. Ruqiyyah war schön, nicht so wie Frauen im Fernsehen, doch von einer Schönheit, die man in einem anderen Teil der Welt, in einem anderen Jahrhundert, wohl zu schätzen gewusst hätte. Ihre Lippen waren von Natur aus rot. Vor ihrer Ehe hatte Hamid geglaubt, sie benutze Lippenstift. Wenn sie das Haus verließ, trug sie einen *Hijab*, stand im Morgengrauen auf, um zu beten. Ihre Ernsthaftigkeit, die ihm fehlte, verblüffte ihn. Etwas Schottisches, das sie einbrachte, als sie zum Islam übertrat. Die Geschichte ihrer Konversion verwunderte ihn in dem Maße, in dem ihn ihre Geschichten über Gavin schockiert und angewidert hatten. Sie las Bücher über den Islam. Bücher, die Gavin ihr abgenommen und zerrissen hatte. Nicht, weil sie vom Islam handelten, sondern weil sie auf ihrem fetten Arsch saß und las, statt zu tun, was er von ihr verlangte.

Sie wollte Arabisch lernen. Wenn Hamid im Bett lag und vor sich hin döste, hielt sie *Simple Words in Arabic* über den Kopf des Babys, das sie stillte. »Wie wird das ausgesprochen?«, fragte sie von Zeit zu Zeit und schubste ihn wach.

Wenn Hamid laut aus dem Koran vorlas (er hatte religiöse Phasen, im Ramadan und immer, wenn eines der Kinder krank wurde), sagte sie: »Ich wünschte, ich könnte lesen wie du.«

Er fing an, ihr beim Aufräumen zu helfen. Er schloss die Laschen der Schachtel mit den Rice Crispies, stellte sie in den Schrank. Als sie den Tisch abgewischt hatte und den Boden aufwischen wollte, hob er den Kindersitz auf den Tisch. Wenn sie wenigstens mit ihm reden, ihn anschreien würde. Stattdessen verabreichte sie ihm eine Schweigebehandlung. Er wurde langsam ungeduldig. Wie kam sie darauf, nach der Flasche zu suchen? Hatte sie etwas gerochen ...?

Angriff ist die beste Verteidigung. Lachen entschärft die Dinge, glättet sie. Hahaha. Er begann zu reden, in seinem gewinnendsten Ton, wagte einen Witz. Sie gab ihm keine Antwort, kein Lächeln. Sie strich sich das Haar aus dem Gesicht, gab Waschpulver in die Schublade der Waschmaschine. Sie bückte sich und begann, die Wäsche in die Trommel zu füllen. Kochwäsche, die Laken aus Majeds Kinderbett. Hamid fragte: »Woher hast du's gewusst? Verrätst du mir das?«

Sie hockte auf ihren Fersen, schloss die Trommel. Sie sagte: »Du hast in Majeds Bett gepinkelt. Du hast sein Bett mit der Toilette verwechselt.« Sie drehte den Knopf, um die Maschine in Gang zu setzen. »Ich hab mich schlafend gestellt. Majed ist nicht aufgewacht.«

Es gibt eine Stelle unterhalb des Lachens, unterhalb von Hahaha.

Hamid sah sie aufstehen, nach der Flasche Johnny Walker greifen und den letzten Rest weggießen. Vorsichtig, damit auch nicht ein Tropfen dorthin spritzte, wo später das Geschirr der Kinder und die Babyfläschchen stehen würden, um gespült zu werden.

Tage kehren wieder

Ich sagte: »Trag mich.« Er sagte: »Nein.«

Ich sagte: »Trag mich.« Er sagte: »Nein.«

Und so biss ich ihn in die Hand, die meine umfasst hielt, die mich führte. Ich biss so fest, dass ihm Tränen in die Augen stiegen. Seine Augenfarbe wechselte von Haselbraun zu Blau, doch er ließ nicht los. Wir stiegen höher hinauf.

Ich sagte: »Trag mich.« Er sagte: »Nein.«

Ich blieb stehen, rührte mich nicht vom Fleck. Unsere Arme streckten sich, und die Distanz zwischen unseren Augen wurde größer. Ich sagte: »Diese Höhe reicht mir. Höher hinauf kann ich nicht.«

Er sagte: »Wirf Ballast ab«, und schaute weg.

Ich trennte mich von meinem Schmuck, Tand. Er zersprang an den Felsen unter uns. Wir stiegen höher hinauf.

Einst fuhren Autos diesen steilen Bergpass hinauf. Es heißt, sie hatten Reifen, die sich in den Asphalt krallten. Vor dem Großen Krieg gab es nachts Licht, das weder vom Feuer kam noch vom Mond. Es gab Rolltreppen in riesigen Einkaufszentren. Astronauten flogen ins All. Die Erde war überfüllt, ein Ort voller Enttäuschungen. Es gab Menschen, die Hungers starben, während andere Geld ausgaben, um abzumagern. Menschen waren verschlossen, wurden eingesperrt … Er wusste noch, wie es damals war, Reisepässe und Versicherungsgesellschaften, ich aber kam 2115 zur Welt.

Er stimmte ein Lied an. Ich summte mit.

Liebesleid verwirrt die Menschen.
Und zerstört sie nach und nach.
Ich fragte: Bin ich annehmbar?
Die Ältesten sprachen: Wirf Ballast ab.

Wir stiegen höher hinauf.

Einst schwebten Flugzeuge über diesen steilen Pass hinweg. Versprühten Pflanzenschutzmittel. Der Große Krieg trug den Sieg davon über die Technik, den Materialismus, die Nationalstaaten. Nun war alle Macht geistige Macht, alle Kämpfe waren Kämpfe des Geistes. Meine Mutter erzählte mir von jenem Tag im Jahr 2114, an dem der Krieg siegreich zu Ende ging. Kein Klatsch und Tratsch mehr, keine Zeitungen, kein Radio, kein Fernsehen. In der friedlichen Stille wurden leise Stimmen vernehmbar.

»Was ist das für ein Lied?«, fragte ich. Er hatte aufgehört zu singen.

»Es stammt aus Sheikh Al'Alawis *Diwan*.«

»Ich stelle dir eine Rätselfrage«, sagte ich.

»Und die wäre?«

»Warum waren Amerikaner gut?«

Seine großen, grauen Augen, seine Stimme beschwingt: »Ich weiß es nicht. Warum waren Amerikaner gut?«

»Auf ihrem Geld stand geschrieben: ›Wir vertrauen auf Gott.‹«

Er lächelte. »Trag mich«, sagte ich. Er schüttelte den Kopf. Wir stiegen höher hinauf.

»Wie war dein Leben vor dem Krieg«, fragte ich.

»Ich steckte in einer dicken Gummihaut, in einer Art Elefantenhaut. Ich war unersättlich, und sobald ich erreicht hatte, was ich wollte, wurde ich dessen schnell überdrüssig ...« Seine Stimme erleichterte mir den Aufstieg.

»Hattest du ein Auto?« Ich wollte mehr wissen, ich war erst vierzehn.

»Ja. Einen roten Porsche.«

»Porsche?«

»Ein schnelles Auto.«

»Und wie war das, ein schnelles Auto zu fahren?«

»Kraftvoll, es hat Spaß gemacht.« Plötzlich blieb er stehen, und ich stieß mit ihm zusammen: »Ich spürte aber nicht, wie einsam ich war, denn ich steckte ja in meiner Gummihaut.«

Ich schaute hinauf in den Himmel. Zwei Engel in ein Gespräch vertieft. Ihr Licht blendete mich. Wir stiegen höher hinauf.

»Wie viele Ehefrauen hattest du?«

»Eine. Damals hatten die meisten Männer eine Ehefrau.«

»Lebt sie heute bei dir?«

»Sie starb vor dem Krieg. An Krebs.«

»Was ist Krebs?«

»Eine der Krankheiten, die damals herrschten.«

Es begann zu regnen. Zarte, leichte, große Regentropfen. Die Felsen waren dankbar, die Bäume wiegten sich sanft.

Wir gingen langsamer. Ich streckte die Zunge aus dem Mund und schmeckte Rosenwasser. Er legte den Kopf in den Nacken und schmeckte Anis. Er nahm seinen Turban ab und ließ den Regen in sein Haar. Sein Bart wurde nass. Wir lachten gemeinsam.

»Bin ich deine jüngste Frau?«

»Ja«, seine Stimme klang, als sei meine Frage belanglos.

»Warum hast du unsere Ehe nicht vollzogen?«

»Du bist noch nicht so weit.«

Er lachte nicht mehr und nahm wieder meine Hand. Wir kletterten und kletterten meilenweit. Meine Beinmuskeln brannten. Meine Augen waren ausgetrocknet vom Wind.

Ich sagte: »Trag mich«, er sagte nichts. Ich sagte: »Trag mich«, er sagte nichts. Ich sagte: »Ich hab den ganzen Tag nichts gegessen, ich habe Hunger.«

Er blieb stehen, und ich sah seine Augenfarbe von Grau nach Braun wechseln. Kriegshelden wurden mit der Fähigkeit ausgestattet, die Augenfarbe zu wechseln, Wunden zu heilen. Er sagte: »Entschuldige. Ich hatte völlig vergessen, dass du noch jeden Tag essen musst.«

Wir setzten uns unter einen Baum in den Schatten. Er gab mir vier Datteln. Die nahm er aus seiner Tasche. Ich aß drei und war zu satt, um auch die vierte zu essen. Ich reichte sie ihm. Er schüttelte den Kopf. Er musste nur alle zwei, drei Tage essen. Ich war hungrig, weil ich noch jung war.

»In alten Zeiten war es gesetzlich verboten, so junge Mädchen wie dich zu heiraten.« Er lachte laut.

»Was ist daran so lustig?« Ich grub meine Finger in die feuchte Erde. Versehentlich drehte ich dabei eine Schnecke auf den Rücken und entschuldigte mich. Die Schnecke entgegnete: »Du hast mein Haus nicht zerbrochen. Mein Haus ist rosa wie deine Fingernägel.«

Der Schatten des Baumes über uns wurde länger. Als ich mich erhob, war auch mein Schatten so groß wie ich selbst. Der Ruf zum Gebet, von der Schnecke still verkündet, wortlos vom Baum, doch durch seine vertraute Stimme klar und vernehmlich. Da es kein Wasser für die rituelle Waschung gab, pressten wir unsere Handflächen an den Fels. Wir strichen uns über Gesicht und Arme. Er zog seine *Miswak* aus der Tasche und putzte sich die Zähne. Er sagte: »Früher beteten in manchen Teilen der Welt nur Tiere, Vögel und Steine, Wasserpartikel und Staub. Niemand konnte sie hören. Wir waren alle taub und zu beschäftigt.« Traurig sah er aus, als er das sagte, trauriger als ich ihn je gesehen hatte, seine Augen müde, die *Miswak* noch in der Hand.

Ich sagte: »Die alten Zeiten sind nun vorbei. Für immer zu Ende.«

Er sah durch mich hindurch und sagte: »Aber Tage kehren wieder. Tage kehren wieder.« Ich dachte an die Freunde der Freiheit, an ihre Parolen, ihre raue, gereizte Art.

Er steckte die *Miswak* wieder in die Tasche und begann zu beten. Der Boden war kühl und nass. Nach dem Gebet wischte ich ihm und mir Erde von der Stirn. Das brachte uns zum Lachen, und wir stiegen höher hinauf.

Steil hinauf und meilenweit schwieriges Gelände. Der Wind heulte mir in den Ohren. Müdigkeit. Mal brannte mein Blut, mal war ich wie betäubt, seine Hand zog mich hinter sich her wie eine Schlafwandlerin. Ich sagte: »Trag mich«, er sagte: »Nein.« Ich sagte: »Trag mich«, er sagte: »Nein.«

Und so biss ich ihn in die Hand, knirschte über Haare und Knochen, bis seine braunen Augen blau wurden. Er sagte: »Wirf Ballast ab, dann fühlst du dich leichter.«

Ich schrie: »Mehr kann ich nicht abwerfen, jetzt bin ich leer!«

»Das ist nicht wahr«, sagte er. Wir stiegen höher hinauf.

»Trag mich.«

»Nein.«

»Trag mich.«

»Nein.«

»Ich dachte, du seist mein Freund!« Ich riss mich los von ihm und stürzte bergab. Ich glitt den Abhang hinab. Es ging so einfach bergab, loslassen, die Erdanziehungskraft auf meiner Seite, meine Verbündete. Kieselsteine kullerten neben mir her, und ich war frei. Frei von ihm, frei vom Kampf, den das Klettern für mich bedeutete. Ich lachte laut auf, und mein Lachen traf Felsen und Bäume. Ein kostbares Geräusch: die Freude beim Zertreten von Schneckenhäusern.

Nun kam ich noch schneller voran, blind vor Lachen. Verschwommenes Grün der Bäume, Wind, die Stelle, an der wir gebetet hatten ... Ich glitt aus und stieß mit der Hüfte gegen einen Felsen, eine Distel in meinem Gesicht. So sah also mein Blut aus, klebrig und rot. Und ein leises Brummen ... Das Gras verfluchte mich, die Dornen, die Schnecken, die ich nicht getötet hatte. Sie kannten meinen Namen und beklagten sich über mich. Ich schaute hinauf und sah, wie zwei Engel sich trennten, Stifte zur Hand nahmen und etwas aufschrieben. Ihr Licht schmerzte meine Augen; ich blinzelte und wandte mich ab. Doch ihn sah ich. Ich sah ihn fliegen. Er flog nicht wie ein Vogel, nicht wie ein Adler, sondern so, als befände er sich auf einer unsichtbaren Rolltreppe. Sein Körper reglos, nur der Wind, der seine Kleider leise kräuselte.

»Steh auf«, nun stand er neben mir. Ich dachte, er wäre böse auf mich, doch er war nur außer Atem und vom Fliegen geschwächt, erschöpft, weil er der Erdanziehungskraft seinen Willen aufgezwungen hatte.

»Ich kann nicht aufstehen.«

Er kniete sich neben mich, so dicht, dass ich ihn riechen, seine Augenfarben flimmern sehen konnte. Ich wusste nicht, dass er sogar schon fliegen konnte. Etwas von ihm, das mir verborgen geblieben war.

»Mach mich gesund«, sagte ich. Noch immer sickerte Blut aus meiner Wunde am Knie.

»Weine.«

Als ich fertig geweint hatte, stand ich auf und klopfte mir den Staub von den Kleidern.

»Warum klettern wir den Berg hinauf?«, fragte er, als sei ich nie davongerannt, als habe er mir vergeben.

»Weiß ich nicht, ich weiß es nicht. Ich weiß nur, dass ich bei dir sein möchte.«

Und plötzlich lag so viel Sanftheit in seinem Blick, in seiner Berührung. Wir gingen weiter.

Er sang:

Liebesleid verwirrt die Menschen.
Und zerstört sie nach und nach.
Ich fragte: Bin ich annehmbar?
Die Ältesten sprachen: Wirf Ballast ab.
Ich weiß, was ihr fordert,
Gab ich zur Antwort,
Doch bedenkt meine Lage
Und habt Erbarmen mit mir,
Traurigkeit ist erst der Anfang
Der Last, die ich trage.

»Warum gab es in der alten Welt so viele Probleme?«, fragte ich.

»Die Menschen hatten sich vom Himmel gelöst und geglaubt, sie kämen allein weiter.«

»Und heute?«

»Heute kehren die alten Bräuche wieder. Manche Geldverleiher verlangen wieder Zinsen.«

»Ich dachte, das seien nur Gerüchte auf dem Markt.«

»Nein, es ist wahr. Ein Laib Brot stopft nur noch fünf Mäuler statt acht. Die Menschen brauchen wieder mehr. In manchen Teilen der Oststadt verriegeln sie nachts wieder ihre Häuser.«

»Meines Vaters Haus steht noch immer offen.«

»Das weiß ich.«

»Mein Vater fehlt mir.« Ein Schmerz wuchs in mir, Sehnsucht nach der Schaukel in unserem Hof. Nach meinen Schwestern und ihren Spielen. Ich hatte zwanzig Geschwister. Manche sahen mir ähnlich, andere überhaupt nicht.

Mein Gang wurde wieder schleppend, die Erinnerungen hatten mich schwer gemacht.

»Jetzt«, sagte er leise, »jetzt wirf alles ab, mach dich leer.«

Ich gab meine Heimat auf. Sie zerschellte auf den Felsen unter mir. Wir stiegen höher hinauf.

»Einst kam eine Frau zum Haus meines Vaters«, sagte ich. »Sie kannte meinen Namen und deinen Namen. Sie wusste, dass wir heiraten würden. Etwas war anders an ihr als an anderen Frauen. Sie sprach über Macht und Besitz.«

Er blieb stehen. Er wandte sich zu mir, und ich sah Grün in seinen Augen und hörte Pferdegetrappel. Er sagte: »Diese Frau gehörte zu den Freunden der Freiheit. Jenen, die wollen, dass die Welt wieder wird, wie sie einst war. Ich kämpfte im Großen Krieg dafür, dass du in den Himmel schauen und Engel sehen, im Regen Rosen schmecken kannst und keine Hungersnöte erleben musst. Wir haben die Gitter weggehoben, die zwischen den Ländern standen, damit die Menschen sich frei bewegen, sich überall niederlassen können, und es sollte keine Grenzkontrollen geben, keine Einwanderungsgesetze. Doch die alten Zeiten schleichen sich wieder ein. Die Freunde der Freiheit drängen auf einen neuen Krieg, und ich würde nicht ausschließen, dass sie bereit sind, Maschinen einzusetzen.

»Wann wird dieser Krieg sein?«

»Das weiß ich nicht.«

»Zu unseren Lebzeiten?«

Er lächelte ein wenig: »Ich werde dir beibringen, ein Kampfschwert zu führen.«

»Wer wird gewinnen, wir oder die Freunde der Freiheit?«

»Tage kehren wieder. Tage kehren wieder.«

»Was meinst du damit?«

Er hielt inne und ich wartete. Als er schließlich sprach, sprach er langsam, seine Augen waren tief purpurrot. »Man hatte uns von Beginn an gewarnt. Man hatte uns darauf vorbereitet, dass dieses mystische Leben, diese Berührung mit dem Himmel nicht von Dauer sein würde.«

Ich wollte, dass er sang. Wir stiegen höher hinauf.

Er sagte: »Die Leute brauchen wieder mehr Schlaf.«

Er hatte Recht. Ich schlief nun fünf Stunden pro Nacht. Im vergangenen Jahr hatten mir vier genügt. Ich sagte: »Die Freunde der Freiheit reden von Schlaf.«

»Die alten Bräuche kehren zurück, besitzen eine Anziehungskraft wie die Erde.« Seine Hand hielt meine weniger fest als zuvor.

Ich sang für ihn:

Liebesleid verwirrt die Menschen.
Und zerstört sie nach und nach.
Ich fragte: Bin ich annehmbar?
Die Ältesten sprachen: Wirf Ballast ab.
Ich weiß, was ihr fordert,
Gab ich zur Antwort,
Doch bedenkt meine Lage
Und habt Erbarmen mit mir,
Traurigkeit ist erst der Anfang
Der Last, die ich trage.

Er lächelte, lobte meine Stimme, meinen reinen Verstand, der mich die Worte so schnell lernen ließ. Er sah mich an wie an jenem ersten Tag auf dem Markt. Er in Reisekleidung und die Sonne auf den Paprikaschoten und Auberginen. An seinen Augen erkannte ich ihn. Ich ging auf ihn zu und sagte: »Ich möchte, dass du mich zur Braut nimmst«, und er war erfreut, ein wenig überrascht, die Farbe seiner Augen wechselte von hellem zu dunklem Braun und wurde wie meine. Dann hörte ich seine Stimme zum ersten Mal, seinen Akzent: »Wie heißt du?«

Wir stiegen höher hinauf.

Ich schaute hinauf und sah den Himmel purpurrot und blau.

Wie stiegen höher hinauf.

Ich hörte etwas, es klang wie Gesang, den ich nie zuvor vernommen hatte. Er strömte durch meine Adern und erfüllte mich ganz. »Was ist das? Es klingt so seltsam.«

»Das sind die Wolken.«

»Sind wir bald am Ziel?« Über uns der mächtige Berg. Ich erhielt keine Antwort. Er ging schneller, und ich war leichter. Er kletterte schneller, und ich konnte Schritt halten. Ich fühlte keinen Schmerz. Ich schob den Boden unter meinen Füßen weg. Ich konnte unser Ziel erkennen, es spüren, es hören. Wie hatte ich je glauben können, ich würde jenen Ort nicht erreichen? Hier war, was ich mir immer gewünscht hatte, jede Farbe, jeder Laut. Schöner und tiefer als alles, was sich aufgegeben hatte, Heimat und Edelsteine. Er hatte Tränen in den Augen. Wir waren einander nie so nah gewesen. Ich stieß den Boden unter meinen

Füßen weg, und er bewegte sich. Er bewegte sich weg von mir. Doch ich täuschte mich, es war nicht der Boden, der sich bewegte. Sondern wir, die flogen.

Radias Teppich

Er umklammerte seines Vaters Schwert, wollte es heben, doch es war noch zu schwer für ihn. Zu schwer, um es mühelos zu führen oder einem Feind in die Brust zu stoßen. Er hielt den Schaft mit beiden Händen umfasst und stellte sich vor, der Wind, der um das Zelt blies, sei Kampfgetümmel. Der Lärm einer entscheidenden Schlacht, der Schlacht von Damaskus zum Beispiel, die den Großen Krieg entschieden und Jahrhunderte langem Waffengebrauch ein Ende gesetzt hatte. Dia's Vater war zum Märtyrer geworden, als Dia' fünf Jahre alt war. Er hörte seine Mutter manchmal nachts weinen, manchmal auch nur in einem Traum aus vergangener Zeit.

Jetzt konnte er sie hören, sie kam auf das Zelt zu. Er legte das Schwert beiseite, damit sie ihn nicht wieder ermutigen würde: »Wenn du älter bist, Dia', wirst du es heben können.« Mit dreizehn Jahren war er alt genug, und beide wussten es. Auch der Lehrer wusste es, doch er zitierte das alte Sprichwort in lustigem Ton und hob damit Dia's Laune. »Die Feder ist mächtiger als das Wort«, sagte der Lehrer.

Dia's Mutter betrat das Zelt und begrüßte ihn, die braune Wolle ihres Umhangs erfüllte den Raum mit Wärme. Ihre Stimme verriet ihm, das etwas geschehen war. »Radia ist tot«, sagte sie. Der plötzliche Kummer ließ ihn das Schwert vergessen.

»Wann?«

»Vergangene Nacht, im Schlaf.«

Er begann zu weinen. Der Verlust, Radia, die auf ihrem Teppich saß, fliegend, die Nacht um sie herum von atmosphärischer Spannung erfüllt. Er hatte sie fliegen sehen, er war einer der Glücklichen gewesen. Dieses Glück wurde nicht jedem zuteil. »Weil dein Vater ein Märtyrer ist«, sagten die anderen Kinder, jene, die in Radia nur die alte Frau gesehen hatten, zu schwach, zu krank, um mehr zu tun als auf ihrem Gebetsteppich zu sitzen. Dass Radia fliegen konnte, glaubten die Kinder, doch sie hatten sie nie dabei beobachtet.

»Du weißt, was das heißt, nicht wahr?« Seine Mutter legte ihren Umhang ab. So sah sie jünger aus. Ihr schwarzes Haar, gewellt wie seines, war streng zurückgekämmt. In ihren Augen schimmerten Tränen, oder auch etwas anderes.

»Was?«

Sie seufzte: »Der Teppich.«

»Oh.«

»Radias Teppich.«

»Ja.« Nun fühlte er sich unbehaglich. Seine Mutter mischte sich voreilig ein, fast überstürzt. Er murmelte: »Sie ist noch nicht einmal beerdigt.«

»Der Lehrer hat deinen Namen genannt.« Nun war er unüberhörbar – der Stolz in ihrer Stimme und die Hoffnung für ihren einzigen Sohn.

»Wieso hat er das getan?«

»Wieso hat er das getan?«, ahmte seine Mutter ihn nach, kam näher und gab ihm einen Kuss.

»Es wird Konkurrenten geben«, sagte er und verließ das Zelt.

»Einen einzigen nur«, rief seine Mutter hinter ihm her.

Dia' weinte, während er den Männern half, Radias Grab zu schaufeln. Sie gruben so tief, bis sie auf feuchte, wohlriechende Erde trafen. Der Lehrer ließ sich ins Grab hinab, strich mit den Händen die Vertiefung glatt, in der Radia liegen würde. Er schwitzte, und sein Mantel trug Spuren von Staub und Gras. Nach getaner Arbeit wischte er sich die Hände an seinem Mantel ab und streckte die Arme aus, wie um Dia' zum Sprung aufzufordern. Langsam und behutsam reichten ihm die Männer Radia, in ein weißes Tuch gehüllt, leicht, und er bettete sie in ihre letzte Ruhestätte. Er hielt einen Moment inne, kletterte dann aus dem Grab, und die Männer füllten die Erde wieder hinein, ihre Spaten kratzten und klirrten in der Stille. Kurz bevor sie fertig waren, rief der Lehrer: »Schaut euch das an!«

Dia' hörte auf zu weinen. Er sah, wie um Radia herum Blumen wuchsen, dunkelrosa, weiß, orange; sie wuchsen so schnell, dass Radia binnen weniger Sekunden in einem Garten lag, statt in einem Grab.

»Ich weiß nun, wer gegen dich antreten wird«, sagte seine Mutter, als er wieder zu Hause war.

»Wer?«

»Taghreed.«

»Ah.«

»Ah«, echote seine Mutter.

»Vielleicht sollte Radias Teppich tatsächlich an ein Mädchen weitergegeben werden. Das wäre nur gerecht – von einer Frau an eine Frau.«

Seine Mutter schob missbilligend ihr Kinn nach vorne. »Das hat der König zu entscheiden.«

Wieder ging Dia' nach draußen. Er wollte den Himmel. Die Stimme seiner Mutter folgte ihm: »Sie hat sich sogar selbst vorgeschlagen, diese Taghreed. Ein zähes Mädchen ...«

Er lag auf dem Rücken und schaute in den Himmel. »Nehmt mich mit, nehmt mich mit«, flüsterte er, und die Wolken lachten ihn an, machten sich einen Spaß mit ihm.

Taghreed. Ja, er kannte sie gut aus der Schule. Sie konnte nicht still sitzen. Arbeitete, machte sauber, sprach laut, war immer in Bewegung. Sie war ihm nie recht geheuer, dieser scharfe Blick, ihre Wendigkeit. Einmal hatte sie ihm allerdings gesagt: »Du bist sanft, und das ist eine wertvolle Tugend.« Seltsam hatte sie ihn damals angeschaut, als fände sie ihn sympathisch, und er war vor ihrer Intensität geflüchtet, war aus dem Klassenzimmer gestolpert, hinaus unter den freien Himmel.

Nun würden er und Taghreed also vor dem König stehen, im Wettstreit um Radias fliegenden Teppich. Warum er und Taghreed? Weil sie beide Radia hatten fliegen sehen – die einzigen Kinder, die Radia fliegen sahen. Und wie war ihnen das gelungen? Taghreed war dreist genug gewesen, eines Tages zu Radia zu gehen und es von ihr zu fordern. Und Dia'? Sein Vater war bei Damaskus zum Märtyrer geworden, und deshalb, so waren sich alle einig, hatte Radia ihm ihre Kunst offenbart – zu Ehren seines Vaters.

An den Tagen vor der Audienz beim König kochte Dia's Mutter seine Lieblingsspeisen. Er aß und fürchtete die Enttäuschung, die ihr bevorstand. Je mehr sie vor Hoffnung strahlte, desto tiefer wurde seine Trauer. Mehrfach hatte er ihr gesagt: »Der Teppich einer Frau sollte an eine Frau übergehen«, und hatte vorsichtig versucht, sie auf seine Niederlage vorzubereiten. Doch sie hatte seine Worte wiederholt abgetan: »Das hat allein der König zu entscheiden.« In diesen Tagen sah sie sehr schön aus, zuversichtlich, passte kaum in die Kargheit des Zeltes. Ein Haus aus Ziegelstein konnten sich die beiden nicht leisten, nicht einmal eine Strohhütte, im Gegensatz zu Taghreed.

Dia' hatte sich immer gewünscht, seine Mutter würde wieder heiraten, damit er einen Stiefvater hätte. Insgeheim wünschte er sich, sie würde den Lehrer heiraten. Das würde das Band zwischen ihnen beiden festigen; dann wären sie mehr als nur Schüler und Lehrer. Doch der Lehrer hatte bereits vier Frauen, allesamt kerngesund. Dia' hatte gebetet, damit eine von ihnen den Tod fände und Platz für seine Mutter wäre. Kein beliebiger, sondern der Platz der dritten Frau. Sie war schlank und agil, hatte Augenbrauen wie ein Junge, und nur selten kam ein Wort über ihre Lippen oder ein Lächeln. Sie besaß weder die Schönheit der ersten noch die Mütterlichkeit der zweiten oder das lustige Gemüt der vierten Frau, die keinem Spaß aus dem Weg ging. Dia' hatte gesehen, wie sie den Sieg im Bogenschießen der Frauen davontrug. Ihr Geschick hatte ihn mit Neid erfüllt, mit jener Art Neid, die zu Tränen führte, zu Missmut und Selbsthass. Ein Giftpfeil würde sie tödlich treffen, hatte er sich eines Tages im Unterricht ausgemalt, und dieser tiefe, dunkle Wunsch, dass jemand den Tod finden möge, hatte Gestalt angenommen, einer Fledermaus ähnlich, die durch das Klassenzimmer flatterte, die Luft verpestete und die Mädchen (mit Ausnahme von Taghreed) aufschreien ließ. Der Lehrer tötete sie, heftete das eben noch kreischende Tier mit seinem Dolch an die Tafel. Blutstropfen durchdrangen eine Zeichnung von der Anordnung weniger weit entfernter Sterne. Taghreed wischte später die Tafel, während der Lehrer mit Dia' nach draußen ging, um das tote, schwere Tier im gleißenden Sonnenlicht auf dem Schulhof zu begraben. Dia' empfand Erleichterung, während er das Tier vergrub. Und der Lehrer fragte nicht nach der Wahrheit. Stattdessen sprach er mit Dia' über die Bedeutung seines Namens: Dia' bedeutete Glühen, Strahlen. Der Lehrer sprach und schien keine Eile zu haben, wieder in die Klasse zurückzukehren. Er sprach von strahlendem Glanz, von Leuchtkraft und Helligkeit, von Sonnenstrahlen, vom Licht sterbender Sterne, und erinnerte daran, dass es sehr, sehr viele Arten von Dunkelheit gab und nur ein Licht. Eine ganze Stunde lang sprach der Lehrer, und Dia' nahm alles in sich auf. Sie wurde zu einer seiner glücklichsten Stunden, die Boshaftigkeit verscharrt wie Exkremente, und die Stimme des Lehrers, die zu ihm über das Licht sprach.

»Iss nur, iss«, wiederholte seine Mutter wieder und wieder am Tag vor der Audienz beim König. Sie selbst konnte nichts essen. Sie war zu aufgeregt.

So stand er gut gesättigt vor dem König. Der hatte einst in Damaskus gekämpft, und nun, da er Dia' und Taghreed musterte, wechselte die Farbe seiner Augen von Blau zu Purpur und Schwarz. Hätte Dia's Vater den Krieg überlebt, wäre auch er ein Held wie der König, hätte man auch ihm die Fähigkeit zuerkannt, seine Augenfarbe zu wechseln.

Der Hof war so weit wie die See und nun ebenso gewaltig und still. Des Königs Bart glich dem des Lehrers, doch seine Stimme war schöner, seine Worte klangen gewählter. Er sprach: »Es gibt sieben fliegende Teppiche auf der Welt. Sie gehören ihren Besitzern bis zu deren Tod. Dann werden sie weitergegeben. Es ist wohl verständlich, dass euer Dorf den Teppich und seine Segnungen nicht aus der Hand geben will. Solltet ihr beiden aber heute versagen, so werde ich auch anderen Dörfern Gelegenheit geben müssen, für diesen Teppich in Wettstreit zu treten. Und nun geht in euch, bevor ihr sprecht.«

Er stellte die ersten Fragen. Tausende hörten die Fragen, Dia's Antworten, Taghreeds Antworten, nichts blieb der Öffentlichkeit verborgen an jenem Tag. Die ersten Fragen waren einfach. Warum fand der Große Krieg statt? Was fand durch ihn ein Ende? Materielle Macht. Was trat an deren Stelle? Geistige Macht. Wie groß waren die Menschen damals? Wie weit sind Uranus und Montar voneinander entfernt? Das wusste Taghreed, Dia' wusste es nicht. Wie lang lebte der Vater der Menschheit? Dia' sagte eintausend Jahre. Doch Taghreed wusste es genau: Neunhundertsechzig Jahre.

Als Dia' Taghreed ansah, schien sie klein, angespannt, auf der Hut. Die Augen des Königs wechselten ihre Farbe, sein Blick blieb traurig. Es tut mir Leid, wollte Dia' ihm sagen, aufrichtig Leid, dass mein Vater zum Märtyrer wurde und Ihr nicht, es tut mir Leid. Doch der König stellte Fragen über Fragen, sie kamen wie Wellen, und seine Augen leuchteten, anfangs purpurrot, dann azurblau.

»Beschreibe dein Ego?«

Dia' antwortete: »Mein Ego ist so groß wie der Mond und mir ebenso vertraut wie er.«

Taghreed sagte: »Mein Ego ist eine Skulptur, der meine eigenen Hände Kontur gegeben haben.«

»Was lehrt der beste Lehrer?«

»Zügle dein Ego, reite es, aber lass dich nicht von ihm reiten.«

»Zügle dein Ego, reite es, aber lass dich nicht von ihm reiten.«

»Wie sollte der Schüler antworten?«

»Ich tue mein Bestes. Arbeite sehr hart.«

»Ich liebe dich, Lehrer.«

»Nenne mir einen Fehler, den du begangen hast; niemand unter uns ist unfehlbar.«

Sie sagte: »Ich war einmal fast blind vor Wut. Ich griff nach einem Küchenmesser und rammte es in einen Baum. Als dieser vor Schmerz zurückschrak, weinte ich Tränen der Reue. Hinter der Sünde liegt Blindheit, glühend rot und heiß.«

»Ich stahl einmal eine Flasche mit Seifenblasen«, sagte Dia'. »Erst hatte ich Gewissensbisse, doch die verflogen bald. Hinter der Sünde liegt undurchdringlicher Nebel und Rauch.«

»Was sagt der Teufel?«

Taghreed antwortete: »Er sagt: ›Mir gebührt Respekt.‹«

Dia' antwortete: »Er sagt: ›Iss vom Erlaubten wie vom Verbotenen. Denn sie sind eins.‹«

»Warum gebührt dir Radias Teppich?«, fragte der König schließlich.

»Ich bin eine Frau wie Radia. Ich will fliegen.«

»Er wird meine Mutter glücklich machen. Sie ist einsam und arm.«

Als die Entscheidung schließlich verkündet wurde, spürte Dia', wie Taghreed zusammenzuckte und ihre Kraft um sich hüllte, um die Enttäuschung zu überdecken. Doch der Schmerz stand in ihren Augen geschrieben, für alle Welt sichtbar, ein gebrochener Blick, der ihr nicht gut zu Gesicht stand. Zu stark hatte sie den Teppich begehrt. Ihr Verlangen hatte der Ehrfurcht für ihn keinen Raum gelassen. Der König aber gab nur jenen Macht, die sie nicht wollten.

»Wirst du mich noch mögen?«, fragte Dia' sie leise, leichtfertig. Verwegene Worte, die der Sieg ihm in den Mund legte.

Sie entgegnete nichts.

Ihm blieb keine Zeit, sich über ihre untypische Schweigsamkeit zu wundern, denn seine Mutter hämmerte auf ihn ein, schloss ihn in die Arme, warf sich dem König zu Füßen, umschlang dessen Waden, überzog seine Schuhe mit Küssen. Dieses Gebaren rief Taghreed und Dia' zur Besinnung. Taghreed führte Dia's aufgewühlte Mutter mit fester Hand davon, und Dia' verfiel wieder in Schweigen und Selbstverachtung.

Ihre Heimkehr war ein Triumph, nur getrübt durch den schmerzlichen Abschied vom König. Dia's Mutter musste den kostbaren Teppich umklammern, ihn allen zeigen, lachen aus purer Freude darüber, dass sie wenigstens einmal im Leben beneidet und nicht bemitleidet wurde. Der Lehrer übertrieb, er schlachtete ein Kamel, von dem Hunderte satt wurden, und er prahlte mit seinem Schüler. Und sogar seine dritte Frau sang ein Lied über ein neues Kleid. Die Freude hielt an bis spät in die Nacht, ging in Erschöpfung über, und schließlich sanken alle in tiefen Schlaf. Alle außer Dia'. Der Teppich war blau und weich unter seinen Füßen. Als er auf die Knie ging, sog er den Duft von Moschus ein, bis ihn schwindelte. Dia' war überrascht, wie geschmeidig der Teppich war, bereit, sich ihm zu ergeben, zu fügen; eine enge Vertrautheit, die ihm ein Lächeln entlockte.

Danksagung

Einige der Kurzgeschichten wurden bereits zuvor veröffentlicht:

»Bunte Lichter« in *Chapman*; außerdem wurde die Geschichte im Radioprogramm 3 der BBC ausgestrahlt.

»Souvenirs« in *New Scottish Writing 1997* (Flamingo, 1997).

»Besuch« wurde ausgestrahlt im Radioprogramm 4 der BBC und im BBC World Service.

»Mittagessen am Dienstag« erschien bereits in *Special Reserve*, hg. von Yvonne Spencer (Scottish Cultural Press, 1996).

»Das Museum« erschien in *Ahead of it's Time*, hg. von Duncan McLean (Jonathan Cape, 1997), sowie in *Opening Spaces*, hg. von Yvonne Vera (Heinemann, 1999; dt. *Black Women – Neue Literatur aus Afrika*, Lamuv, 2001).

»Majed« wurde bereits publiziert in *New Writing Scotland 17*, hg. von Moira Burgess und Donny O'Rourke (ASLS, 1999), sowie in der Zeitschrift *Wasafiri*.

Leila Aboulela

Die Übersetzerin

Roman

Aus dem Englischen und mit einem Nachwort von
Jutta Himmelreich

Lamuv Taschenbuch 314

»›Die Übersetzerin‹ ist ein kluger und für Europäer wichtiger Roman, der in unaufdringlicher Weise für Verständnis zwischen den Religionen eintritt und die inneren Spannungen schildert, denen Menschen im Exil vielfach ausgesetzt sind. In feinsinniger Sprache werden Probleme aufgerollt, an denen wir häufig blind vorbei gehen. Um festgefahrene Meinungen zurecht zu rücken, ist der leicht lesbare Roman einer großen Lesergemeinde sehr zu empfehlen.« (Senta Kapoun, Österreichisches Bibliothekswerk)

»›Die Übersetzerin‹« ist ein leises Buch, das in seiner inhaltlichen Konsequenz und Aufrichtigkeit gegenüber den - oft gehörten, aber kaum bekannten - Themen Migration und Islam in Europa überzeugt.« (Stine Lehmann, Literarisches Forum Basel)

»Das Prosadebüt der 1964 im Sudan geborenen Autorin beeindruckt durch die poetische Sprache und die Eleganz, mit der sie Beziehungsprobleme und das Aufeinandertreffen verschiedener Religionen darstellt.« (Ingrid Kohlmeyer, ekz-Informationsdienst)

»Ein seltenes, originelles Talent« (Duncan McLean)

Ein Buch aus dem Lamuv Verlag